OPUS 8:
24 Traumerzählungen

Norbert Zankl

OPUS 8:
24 Traumerzählungen

Engelsdorfer Verlag
Leipzig
2023

Bibliografische Information durch die
Deutsche Nationalbibliothek:
Die Deutsche Nationalbibliothek verzeichnet diese
Publikation in der Deutschen Nationalbibliografie; detaillierte
bibliografische Daten sind im Internet über https://dnb.de
abrufbar.

ISBN 978-3-96940-497-3

Copyright (2023) Engelsdorfer Verlag Leipzig
Alle Rechte beim Autor

Hergestellt in Leipzig, Germany (EU)
Gedruckt auf FSC®-zertifiziertem Papier

www.engelsdorfer-verlag.de

14,00 Euro (DE)

INHALT

MORS
Im Zug	9
Die Wächter	14
Last Night	17
Lena	26
Wir in ihnen	33
Viermal töten	36
Einkauf	45

DEVIUS
Fünf Inseln	52
Wohin?	61
Trois Trains	66
Im Keller	76
Verbindung	84
Ergriffen	89
Otto	94
Six Days in New York	104

AMOR
Alla	118
Cristina	130
Lydia	138
Julia	145
Trois Rêves	147
Alexandra	150
Anna	151
Misako	158
Angelika	164

Nachwort	182
Annotationen	184

MORS

IM ZUG (A-Dur)

Natürlich haben wir keine Vorurteile, wenn sie den Zug besteigen, auch als Großfamilie, nichts auch gegen ihre Hunde, schon gar nicht voreingenommen gegen ihre Kinder, wiewohl unerträglich ihr Kreischen, selbst hinwegsehen über die Einzwängung und Maskierung derer, die wohl ihre Weiber, wessen auch immer sie sind und in welcher Zahl einem gehörig, solange – vorerst, so fügen wir in unserer heute gelösten Stimmung hinzu – sie *unsere* Frauen nicht berühren. Aber auch diese vorsichtigen Beschreibungen mögen andere Vorurteile, Abwertungen, Diffamierungen nennen, es lohnt sich nicht, die Liste der immergleichen Leerformeln, die längst zu Zerrbildern einer sinnreichen Sprache mutierten, zu wiederholen, denn wir, die wir erzogen in den Regeln des Menschlichen, registrieren nur, was in unsere Augen fällt: Und Wahrheit ist es, Wirklichkeit, wie ihre Messer offen am Gürtel getragen werden, in einem Eisenbahnzug des Heute unseres heutigen Landes, ebenso so offenkundig, weil deutlich allen Augen, die noch nicht dem körperlich Greifbaren verloren, diese verhüllten Gestalten, gesichtslose Masken, deren Gewänder sich alle gleichen, eine lediglich, die vom uniformen Schwarz abweichend in einem linden Grün, zwei, die sogar mit einer Eisenkette gefesselt, deren Ende ihr Herr fest in der Hand hält, der verlottert in einer ausgefransten kurzen Hose, khakifarbenem Muskelhemd, riesiger Sonnenbrille, die der Phantasie eines Komödianten entsprungen sein könnte. Dies alles nehmen wir wahr in einem Eisenbahnzug und erfassen als Wahrheit, daß es für sie *ihr* Land, *ihr* Zug sei, so jede ihrer Gesten und

Bewegungen, wie sie alle Sitzplätze belegen, sich einnisten mit tausenderlei Habseligkeiten auf ihnen, als wollten sie sich wohnlich niederlassen, daß sie die Tatsächlichkeit zu *ihrer* Bestimmtheit umdeuten, umwandelnd unser Leben zu *ihrem* Da-Sein, eingezogen sie als Fremde in unsere Bahnen, ach wenn sie doch nur als Fremde wieder auszögen!, aber sie nehmend diese in Besitz, als wären sie ihr Eigentum; erstickend mit ihren fremden Lauten unsere mütterlichen, ihre fremden Sitten untergrabend, was wir Regeln und Manieren nennen, sich angemessen, gesittet und ruhig in öffentlichen Orten zu verhalten, ich weiß, ich wiederhole von anderen Gesagtes[1], das freilich keiner kennt, weshalb ich das Existierende wiederholen muß, das das unwiderlegbare Gegebene ist, das aber die meisten nicht kennen, nicht sehen, nicht wissen wollen, das sogar oftmals nicht mehr benannt werden darf und so nicht einmal mehr aussprechen, so viele der vorgeblich *Unsrigen*, obwohl es das Unbestreitbare ist, die im besten Falle mit den Achseln zucken, daß manche der Exzesse, die wir maßlos übertreiben, nur eine Modeerscheinung seien, Einzelfälle unbedeutend; schlimmer, daß sie mit dem ersten Mörder fragen, was es sie angehe, weil sie nicht die Hüter des Eigenen sein wollen.

    Während sie immer weiter den ganzen Wagon in Beschlag nahmen, Gebetsteppiche auf dem Gang ausbreiteten, gar Kochgeschirre verteilten, war unser Erleben, daß wir bestenfalls geduldet werden, zunächst übersehen, aber uns fühlend in einem Bannkreis eines Zwanghaften, das sich immer wiederholt, daß wir uns nicht mehr würden behaupten können, und schlimmer als der Hang zur Selbstaufgabe, die sich in den apathischen Mienen einiger Mitreisender als Selbstzerstörung spiegelte, daß wir nicht einmal in die Rolle der Submissiven fügen dürften, sondern als Wesen der Sub-Sistenz ausgeschnitten seien; so der Gedanke, wir seien Zuschauer einer holographischen Vorführung der absurderen Art, denn wie könne es möglich sein, daß die Gänge sich überfüllten mit grotesken, bizarren Gestalten, denen ein Maskenbildner allesamt die gleichen verzottelten Bärte angeklebt haben müßte, daß wir einer logikfreien Handlung beiwohnten, weil doch der Zug schon lange nicht mehr gehalten habe, als daß sie hätten einsteigen können, daß solches nicht die Wirklichkeit eines deutschen Expreßzuges sein könne, in dem wir uns befinden, das Interieur, die Sitze mit Gewißheit das eines ICE, daß doch dem sogenannten Zugbegleiter die Unzahl von Hunden aller Art aufgefallen sein müßte, unbedingt eine holographische Vorführung, da deren Gestank, ihr *Bellen, die absolut verneinende Ausdrucksbewegung*[2], das sich unscheidbar mit den apokryphen Lautausdünstungen ihrer Herren vermengte, und wie sie hochsprangen an diesen, zudrangen, wunderlich, daß sie uns nicht beknurrten, die wir doch einen ihnen fremden, also feindlichen Geruch gewiß ausstrahlten, da nicht nur jedem Hunde jeder Fremde der Feind ist, sondern auch diese Gestalten jeden hassen, vernichten müssen, der nicht ihres Glaubens, der stets nur Herrschaft will, teilt, also wirr und wankend wir, warum sie unsere Natur nicht überwältigte. Trotzdem unsere Angst, uns überhaupt zu bewegen, doch jetzt im Zweifel, ob wir wirklich nur Zuschauer seien oder Teil der Vorführung, weil es doch unmöglich, daß wir *nicht* in diesem Zug sitzen, da wir reale Fahrkarten besitzen, die wir anfassen können, an der Anzeige der nächste Halt einer uns bekannten deutschen Stadt, auch eine Ansage in unserer Muttersprache, aber jetzt wir uns in eine Ecke des Gangs des Wagons drängten, da noch mehr dieser andersartigen Gestalten von jedem freien Platz Besitz ergriffen hatten. Da plötzlich, nur zwei, drei Meter entfernt, zur Rechten zwei freie Sitzplätze, wenn es eine Vorführung, ein Schnittfehler, da sie ohne Zusammenhang uns ins Auge fielen, wir, zwei der Köter beiseite drängend, zu ihnen hetzten, einer der Bärtigen drei oder vier der schmutzigen, barfüßigen Kinder auf sie werfend, seine Hand nach dem Messer im Gürtel greifend, wir riechen seinen stechenden Atem dicht vor uns, unser Ekel, dies die Wirklichkeit, kein Raum für uns, obwohl einer der Unsrigen sichtbar des Gehens beeinträchtigt, und hinter uns zwei weitere neue Gestalten, die sich erdreisteten, Wasserpfeifen zu rauchen, gewiß nicht einmal eine in ihren Heimatländern erlaubte Sitte, daß da niemand einschreitet!, und daß kaum Freiraum, uns zu bewegen, als ob sie uns als Gesamtheit vernichten wollen, bis wir endlich verschwunden sein werden *als bleiche Woge, zerschellend am Strande der Nacht*[3], daß wir nur noch als Heimatlose folgen sprachlos dem Wind, wenn diese gierigen Tiere uns zerbrechen, als zwei der Köter jetzt aufeinander sprangen und sich wahllos begatteten, regellos, ihrer Größe und Rasse vergessend, ein Spaniel wird der Sklave eines unreinrassigen Boxers, wir erwarteten, daß sie ebenso wahllos ihre Auswürfe einfach liegen lassen, wo sie ihnen entkommen, zumal diese als Wildlaufende ihrer Rasse keinen Herren kennen, der sie am Zügel hielte, die anarchische Herrschaft des Barbarischen, daß jetzt wohl hundert der Fremden sich in unseren Wagon gedrängt, dies keine holographische Inszenierung sein kann, daß wir jetzt grenzenlos dem Recht der Anderen unterworfen, die unser Haus durchsetzen, wir versinken, sind vergessen im Sturm, geben uns den letzten Fluten, in einem letzten Glühen erspähen wir eine offene Tür zu einem kleinen Abteil, in das wir uns hineinzwängen.

Stille wird sein und Leere, ohne Schmerz ist unsere Trauer; wie ein heller Stern in der Nacht, leuchten Stille und Leere durch den Schmerz, als ich plötzlich an der Decke schwebe und sehe, wie ein Gnom, ein Zwergwüchsiger, gebückt, wie alle Verbrecher gehen[4], um sich ungesehen zu machen, der aber durch einen wirklichen Buckel so vornübergeneigt, daß sein Kopf fast seine Knie streift, ein wirklicher Krüppel, die mehrfache Verkörperung des Bösen, das sich bis zur Entkörperung treibt, einer der Subs, das entsprungen sein mag dem Lehrbuch der Entmenschung, wie sich dieser zum untersten Tier zurückbildet, wie also dieser mit einem kleinen Messer, das ein Teppichmesser sein mag, denn größere Instrumente vermögen seine winzigen, unmenschlichen Hände nicht zu fassen, versucht, die Tür zu unserem Kabinett der letzten Hoffnung aufzuhebeln. Von diesem sicheren Porte aus kann ich mich herablassen auf den Boden und ziehe meinen Revolver und erschieße ihn.

16.08.2022

DIE WÄCHTER (f-moll)

Wir sind Wächter eines oder eines anderen, deren Persönlichkeit und Aufgaben wir nicht kennen, und die Pflicht gebietet uns, auf diesen Posten zu verharren, obwohl wir wissen, daß jeder Einsatz uns dem Tode näherbringen wird, wie es in unseren Verträgen festgehalten ist. Manchmal warten wir, wem wir bei der Beschützung zugeteilt werden, denn es kann jener oder ein anderer sein, es ist anheim der Beliebigkeit, und ebenso unsere Unkundigkeit, zu welchem Zweck wir ihnen zugeordnet. Auch, so meine Kollegin A., habe sie vergeblich versucht herauszufinden, vor wem wir irgend einen zu beschützen sollten; die Gefahr, so habe man ihr erklärt, daß man eher stürbe, wenn man das Ziel herausfinde, wachse, und so sei es rätlicher, fest und still an der Seite eines, der irgend einer sein kann, zu verharren, weil dann andere keinen Anlaß sähen, uns und unseren Herrn zu nahe zu treten und zu bedrohen. Gewiß sei es aber, so A. fortfahrend, daß bei jedem dritten Einsatz einer von uns Tode komme, so habe man ihr im Vertrauen mitgeteilt, um die Kampfbereitschaft zu erhöhen und uns glauben zu machen, erhöhter Einsatz durch gesteigerte Aufopferung und Eifer werde uns vor diesem fatalen Schicksal bewahren, denn was beweise mehr die Zuverlässigkeit des Schutzes, als daß man bereit sei, auch sein Leben für das Ziel unserer Anbefohlenen zu opfern. Aufgrund solcher geheimen Informationen zweifle sie, daß diese Vorkommnisse in allen Fällen Folgen von Kampfeinsätzen beziehungsweise durch Aktionen des sogenannten Feindes hervorgerufen worden seien, nicht nur Begleitumständen geschuldet, sondern ein irgendwie festgeschriebenes Gesetz, das wir zu erfüllen hätten. Sicher habe ich von B. gehört, der seinen Posten verlassend, sich der Grenze genähert habe, ihr mitteilend, daß er jenseits dort niemanden, der eine Bedrohung für uns, die wir ja die *Guten* seien, gefunden habe, doch sei B. bei seinem nächsten Einsatz auf unerklärbare Weise *gefallen*.

Da erging der Erlaß, daß die von uns zu Bewachenden nicht nur aus Zufall uns zugeteilt, sondern auch gänzlich unkenntlich gemacht wurden, indem sie uns gegenüber traten in einem Ganzkörperanzug, der auch ihre Gesichter vollständig verbarg, so daß wir rätselten, ob sich ein wirklicher Mensch dahinter versteckte oder ein Avatar oder Roboter. A. will erfahren haben, daß jene sagten, daß die Unkenntlichmachung den Zweck besitze, emotionale Verbundenheiten oder Antipathien auszuschließen, so daß wir uns ganz auf die Aufgabe selbst konzentrieren könnten. Einheitlichkeit und Sprachlosigkeit dienten dazu, uns als Gemeinschaft noch enger zusammenzuschweißen, persönliche Verbindungen und Abweichungen störten die Zuordnung auf das gemeinsame Ziel. Auch sollen Pläne existieren, so A., daß man versuche, diejenigen, die möglicherweise ihren nächsten Einsatz nicht überleben könnten, öffentlich anzuzeigen. Die Gestalt, der der Kollege D. zugeteilt war, sprach kein Wort, sondern zeigte mit einem elektronischen Gerät D. die Koordinaten des Ziels, dessen Bewachung, so war auf dem Bildschirm zu lesen, höchste Priorität mit extremer Gefahrenstufe aufweise. D. kam nicht zurück.

Ich fragte mich, ob ich nicht in einer Inszenierung gefangen war: War da überhaupt jemand, der uns bedrohte? Waren nicht diejenigen, die uns nie offenbarten, wer diese anderen seien, Wesen, die uns in einem Bannkreis hielten, der sich einer greifbaren Wirklichkeit entzog? Wenn jeder Dritte ums Leben kam, wäre es nicht möglich, daß da ein gezielter Plan des Tötens dahinterstand, unser Leben ein Produkt des Getötetwerdens? Waren wir nicht Wächter, die auf etwas achtgaben, das Lebendiges nur simulierte, die in Wirklichkeit aber Simulacra, Retortengeschöpfe eines computergesteuerten Pandämoniums waren? Ein Traum vielleicht alles, aber daß es nicht hülfe, wenn ich erwachte, auch nicht wünschenswert, weil ich *mich* in meiner Todesangst zurückließe, denn dieser Traum ist Ursprung meines freien Geistes, den ich nicht verlassen darf. Und als ich weiter zitternd wartete, las ich auf der Anschlagtafel meinen Namen.

09.08.2022

LAST NIGHT (a-moll)

Wie ich überhaupt in dieses Haus gekommen? Daß etwas in der Luft lag, das mich aus meinem Alleinsein heraussog, daß manche munkelten von einer drohenden Gefahr, Raketen, die uns bedrohten, ein Komet, der auf die Erde stürzen könne. Nicht daß ich solchen Ausstreuungen Famas wirklich Glauben schenkte, aber Nachdenklichkeit, die mich an diesem Abend aus dem Haus zog, mich etwas ziellos auf den Straßen treiben ließ, bis ich eher zufällig vor jenem Haus stand: Kein gewöhnliches Wohnhaus mit geometrisch gefügten Fensterreihen, sondern irregulär angeordnet die wenigen Öffnungen in unterschiedlicher Größe von kleinen Luken bis zu zwei breiten Panoramafenstern, fehlend jegliche gerade Linien, die Unterkante einer Reihe nur um weniges über der der oberen der darunterliegenden, scheinbar willkürlich in die Hauswand eingesetzt, so daß unnennbar die Anzahl der Stockwerke, überwiegend aber eine nackte, kahle Wand. Eine Tür aus Blech automatisch aufschwingend, ein Schritt und eine Rolltreppe mich abwärts tragend in

eine hohe Kathedrale[1], deren Wände aus rissigem, unbehauenem Stein, wie eine Ruine, Reihen von Kirchenbänken, der Hochaltar, der fast die gesamte Breite des Hauptschiffs einnahm, vor ihm eine Art Gebetsbank, hölzern mit reichhaltigen Schnitzereien, auf der eine weiße Gestalt kniete, die ihre Arme erhob, wie in einem Zustand der Anbetung, alles in der Stille, die man an einem solchen Ort erwartet, auf einem riesigen Bildschirm die Worte ICH ENTBLÖSSE MEIN GEHEIMSTES SELBST ZU DIR, und das Licht wurde langsam heller, als habe man einen Regler hochgezogen, zu einer harten, blendenden Intensität, und, vor einigen Pfeifen der Reste einer Orgel, ein goldener Zylinder, eine Bombe, daß es eine Atombombe sein könnte, auf deren Steuerflossen die griechischen Buchstaben Alpha und Omega eingraviert. Fast voll besetzt die Bänke von diesen Gestalten, unkenntlich Alter oder Geschlecht, ihr Gottesdienst eine erschreckende Mutation einer Observanz, wie man sie in den Katakomben des ersten Christentums gefeiert haben mochte, hörbar nur primitive elektronische Orgelklänge, ohne erkennbare harmonische Strukturen, Melodien, die unsachgemäß sich in Quintparallelen verschoben, und auf dem Bildschirm ihr Gebet: Das Firmament spiegelt dein göttliches Licht / Ihr Schall geht hinaus in alle Länder / Und ihr Licht leuchtet über der ganzen Welt. Daß dies nur eine Illusion sein könne, eine Inszenierung jener Szene aus dem Film, weil sie wörtlich dessen Gebete wiederholten, war ich bloß ein Film des Films, mit mir als imaginativer Figur, die eingesogen zu werden glaubte, aber ich bin weder Nova noch Brent, und nur auf dem Bildschirm der unhörbare Gesang: Es war und ist und bleibt in Stetigkeit / Der Welt der Anfang Zentrum und im Ende / Es werden künden seinen Ruhm die Himmel / Sind Gottes Spiegel seines Firmaments. Ich stolperte hinaus, dem Film entfliehend, und

wohl jetzt im Eingangsflur, von dem mehrere Türen abgingen, wahllos in eine, die wieder automatisch mich führte in einen dunklen Raum, durchzuckt von künstlichen Blitzen, durchbohrt von brachialischen Schlägen synthetischen Schlagwerks, unnatürliche Klänge, die nicht den Namen verdienten, die in stupiden Vierteln hämmerten, Tonika, Tonika, Dominante, Tonika, ohne jegliche Veränderungen, auf einer großen Fläche ein Panoptikum entfesselter und enthemmter Gestalten, die Pandämie der Entmenschlichung, weil kaum als menschliche zu erkennen, da sie nur als dunkle Wolken in konvulsischen Zuckungen taumelten, torkelten, als ob sie ein Unsichtbarer kommandierte, ferngesteuert, Automaten näher als Menschen, sicher würden sie töten, wenn einer es ihnen befähle, auch geschlechtlich kaum unterscheidbar, ist es ein bärtiger Mann, der sich mit wackelnden Brüsten ausgestattet?, ein Unwesen mit einem riesigen Glied?, mit Farbe zugeschmierte Gesichter, *ein zehntausendköpfiges Ungeheuer der Menge, schlampige Weiber, Dirnen gleich*, die sich die letzten Fetzen zerrissener Kleidung vom Leib rissen, *die die letzten Schranken, die Menschen von Bestien trennen*[2], hinter sich lassen, immer weiter das bohrende Schlagwerk, die Viertel in Tonika, Tonika, Dominante, Tonika, und der Lärm und der Krach, und wie sie sich gegenseitig begrabschten, die Häßlichkeit der verzerrten Visagen, eins, zwei, drei, vier, daß sie zu einer einzigen Masse verschmelzen wollten, der Einheitsteig, in dem das Individuum sich auflöst, immer enger rückten sie aufeinander, ineinander, Beine verschlingen sich, die Arme hoch erhoben werden selbst zum Schlagwerk der Maschine, der Mensch ist die Maschine, wird, durch die äußere Triebfeder in Gang gesetzt, in sie hineingesogen, schneller jetzt der Rhythmus, als Zwei und Vier verdoppelt werden, die Unterleiber krachen ineinander, das Fleisch hat sich schamlos befreit, so dicht der Menschenstoff, daß keiner einen Einstieg verfehlen kann, gleich zum Nachbarn wechselnd, die Maschine zieht selbst ihre Federn auf, eins, zwei zwei, drei, vier vier, spannend sie immer weiter, daß sie doch reißen müßte!, einige schon gegen die Wand gedrückt, kein Gedanke des Aufhörens, stampfend über sie hinweg, kein Mitleid, der Fortschritt der Geilheit erfordert Opfer, *no risk, no fun*, hinein und herunter in den Abgrund, es ist nur gerecht, ich kann die Tür aufreißen und Stille,

ein kahler Gang, wenige kleine Lichter in großem Abstand an der Wand, tasten müssend, wieder eine selbsttätig sich öffnende Tür, das muß eines der Zimmer mit den schmalen Sichtluken sein, ein großer Bildschirm an der gegenüberliegenden Wand, sein Flackern die einzige Lichtquelle bis auf vier in den Ecken aufgestellte mannshohe Kerzen, unwirkliche Gestalten, die in teils seltsamen Verrenkungen auf Boden lagen, an ihm zu kleben schienen, einige mit Ketten an Stühlen oder Schränken gefesselt, alle trugen Masken, die das gesamte Gesicht bedeckten, einige auch eng anliegende gläserne Helme wie Raumfahrer oder Taucher, eine Schriftzeile auf dem Bildschirm: *Absolutes Sprechverbot; Sprechen kann Leben zerstören!*, und dann[3]

Manifest der Generation der Zukunft
Der Mensch ist ein Mörder und vernichtet alles, was nicht seinesgleichen ist. Er maßt sich an, nicht nur gegen seine Mitmenschen zu kämpfen, sondern versucht auch, sich das, dem er sich unterwerfen solle, die Natur, die vor ihm geschaffen wurde, untertan zu machen. Er ist im Irrtum, daß er herrsche über die Fische des Meeres, über die Vögel des Himmels, über das Vieh, über die ganze Erde und über alle Kriechtiere auf dem Land. Das Vieh breite sich aus, wie es ihm gefalle, wie es seit Urzeiten war; strengste Gesetze sollten regeln jeden Eingriff, der beeinträchtige das Leben von Pflanzen und Tieren, daß wiedergutgemacht werde der Fehler

des sogenannten Schöpfers, des Stammvaters jener barbarischen Sekte, die aßen das Fleisch ihres Herrn und tranken sein Blut. Drakonisch müßten sein die Strafen, nur so könne man fangen den Mensch, verhindern, daß er anrichte noch größere Zerstörung, und nur Verbote, Zwang und Unterdrückung retteten diesen einzigen Planeten. Wir, die unbeweglich sich verbänden, vereinigten und zusammenkoppelten mit diesem Boden, werden so Zeichen für eine bessere Welt setzen.

Und es ist nicht gut, daß da das Licht und daß einer scheide das Licht von der Finsternis, denn das Licht verdrängt jene, und wenn dieses künstlich erzeugt, erhitzt es die Erde, greifend ein in das Ursprüngliche, das nicht ihm gebührt zu verändern es. Wir werden alle Lichter zerstören.

Zerschlagen werden müssen alle Maschinen, die Energie, insbesondere Elektrizität aus Kohle oder Atom nutzen, denn ihre Produkte sind giftige Gase, die das Gleichgewicht von Temperatur und Luft aus ihrem natürlichen Zustand bringen.

Aufgebrochen werden alle Straßen, die überzogen sind mit künstlichem Belag wie Teer und Beton, damit die Erde komme zu ihrem altgestammten Recht.

Selbstredend ist es, daß alle fleischliche Ernährung, zu der auch die Körper von Wirbellosen gehören, strengstens untersagt wird. Ernährung darf nur bestehen aus anorganischen Substanzen, damit die biologischen Funktionen im menschlichen Verdauungstrakt auf ein Minimum reduziert werden.

Ärztliche Maßnahmen jeglicher Art werden untersagt, da sie zur Vernichtung einer großen Anzahl von Bakterien führen können.

Alle Atmungsprozesse müssen auf ein Minimum reduziert werden; nicht nur eine allgemeine Pflicht zum Tragen einer Maske oder eines Helms, sondern für einen keine Haut freilassenden Anzug, der das Absondern von Schweiß und anderen Körperflüssigkeiten verhindere, sei zu

erlassen, da diese Prozesse seit jeher unzählige Formen mikrobiologischen Lebens in ihrer Funktion gelähmt oder gar zerstört haben.
Für die körperliche Vereinigung der Menschen muß Ähnliches gelten: Wenn sie überhaupt stattfinden soll, müssen sowohl Mund wie Geschlecht mit fest anliegenden Binden verdeckt werden, denn in Schleim wie Spucke sind Lebewesen enthalten; bei der Befruchtung gehen unschuldige Spermien zugrunde und neue überflüssige Lebewesen können erzeugt werden.
Auf, Gefährten, vollendet den letzten Schritt!
Der Bildschirm wurde dunkel; alle führten ihre Hand zum Mund, wohl etwas schluckend; nach wenigen Sekunden durchlief alle ein Zucken und sie lagen starr. Hinaus, hinaus und

ein schmaler Gang, leicht ansteigend, ähnlich düster beleuchtet wie der vorige, sich windend nach rechts, dann in der Gegenrichtung, Schritte hinter mir, eine kalte Hand mich fassend, eine Frau mit nackenlangen roten Haaren, dies sei ein irrsinniges Haus, sie wisse gar nicht mehr, wieso sie sich hierher verirrt habe, draußen habe sie Gerüchte vernommen, daß es Leute gebe, die versuchten die Erdrotation zu verlangsamen, in einem Raum hätten sich viele Menschen zu Tode getrampelt, die Wände eingedrückt, Decken seien eingestürzt, *Qualm sei von der Erde aufgestiegen wie der Qualm aus einem Schmelzofen*[4], der Gang zurück sei verschüttet, zitternd, panisch sie, ihr Name sei Floris, ich küßte sie sanft auf die Stirn, daß wir jetzt beide weitergehen müßten, da es keinen Weg zurück gebe, und eine Tür, die bis zur Decke, wieder automatisch aufschwingend, und

daß dies der Raum mit dem Panoramafenster sein müsse: Eine Frau, die auf einem Podest sitzend in einer fast meditativen Haltung, den Oberkörper entblößt, aber ein Slip schützend ihr Frausein, die eine gläserne Schüssel in der Hand hielt, um sie ein unübersehbarer Haufe, austauschbare Visagen, klar an der Schädelform erkenntlich, an der man das Wesen eines Menschen erkennen kann, leicht, sommerlich gekleidet, die sie umringten, einengten, im Kreise um sie, in mehreren Reihen, kaum daß wir sie zählen könnte, die meisten, den Unterleib entblößt, ihre Glieder in der Hand haltend, und beginnend einer von rechts, zunächst mit hastigen Bewegung sich reibend, dann verlangsamend, auf ihren Mund zielend, beinahe als Abfallprodukt einige Kleckse in die Schale fallend, während er versuchte, einen Ring um ihre Lippe zu ziehen, als ohne Verzögerung einer von der linken Seite, ein Schüttler, dem bald die Kraft erlahmte, so daß er ihn nur noch quetschen und drücken konnte nach der Spitze, kaum daß er etwas ihrer Schüssel zutrüge, und ein dritter mit der linken Hand, dem aber wenig Erfolg beschieden, Lachen, nicht zuordenbar, während ruhiger und gelassen das immense Gerät des Vierten, das er gefühlvoll streichelte und das es wagte, an ihre Oberlippe zu klopfen, so daß sich gar ihre Zunge zu ihm streckte, und daß sie ruhig hielten fünfzehn Sekunden, da es ihr im Mund schwamm, schon Nummer fünf, wieder von Rechts, in grotesk schwarz–weiß karierten Hosen, dem sofort ein heftiger scharfer Strahl entwich, dem noch, ganz dicht auf ihre Unterlippe sich lagernd, ein Nachschuß gelang, während schon, kaum hatte er sich zurückgezogen, der Nächste, verzweifelte Hektik sein Reiben, und wie seine Augen brachen!, was sind schon Augen eines Masturbierenden, der keine Lust erreichen will, sondern nur Abfuhr, es sind keine Augen, nur die Starre des Blicks des Tieres bei der Kopulation, ob schon jemand einmal das Gesicht eines Affen bei der Paarung registriert hat?, und dann sein Zittern beim Unvermeidlichen, ein ganzer fetter Batzen auf ihrer Zunge, mit dem sie wohl kämpfte, Schluckreflex gegen Ausspeiwunsch miteinander ringend, und ihr Schälchen hatte kaum Geschenke erhalten, arm und leer, und der nächste, der eine Zeichnung über ihr Gesicht versuchte, sie ausmalte, als sei sie nackte Leinwand, daß wir kaum zu atmen wagten, Floris meine Hand noch fester pressend, unterdessen zwei weitere sich brav in die Schüssel entleerten, besonders grauenhaft ein Affenähnlicher, der ihr mit dem Schwengel auf die Nase klopfte, dabei schon explodierend, daß er beinahe ihr Haar entweiht hätte, und Nummer elf sie umkrallte mit den Lippen, ohne sie nach vorne oder hinten über den Schaft zu schieben, drehend den Kopf mehrmals im Kreis, als sei es eine gymnastische Übung, ihn in die Oberschenkel kneifend, fiel er aus ihr auf den Boden, sinnlos seinen Seim in die Luft schleudernd, Floris ihr Gesicht an meine Brust hüllend, nur weg aus diesem Pfuhl!, ihr Schluchzen, Qualm aus irgend einer Tiefe des Gangs, vor uns eine steile Eisentreppe, nur hinauf, und

eine Tür ebenfalls aus Eisen, sie ließ sich von Hand öffnen, und eine winzige Kammer, fast wohnlich, auf einem Tisch die Bibel und eine Ausgabe des Zhuang Zi, auch zwei Flaschen Wasser und Wein, Gläser, einige Scheiben verpacktes Brot, kleine Tafeln Schokolade wie in einem Hotel, ein richtiges Bett, auf das wir nebeneinander fielen. »Also bleiben wir einfach hier und blicken weder über uns noch über dieses Haus hinaus.« Daß wir doch jetzt drei der menschennotwendigsten Dinge genießen könnten, so daß wir uns in die Leere befreiten, wenn uns das Äußere abhanden, aber unser Innerstes bewahrten, meine Antwort. Die Herrlichkeit des Geschmacks des trockenen Brotes, gerade weil es in Plastik verpackt! Die Leichtigkeit des Weins, die uns fast beschwingte, daß wir auch ohne Musik tanzen möchten, während außerhalb Lichter in Explosionen krachten. Setzen wir also den Tod nicht dem Leben entgegen, denn *erst wenn der Tod in uns ganz und gar getötet ist, erblicken wir uns als Lebende*[5], denn der Tod wird nicht das andere sein. »Und es sei unser Trost, daß wir nicht sterben können, wenn jemand noch im Raum ist«, so Floris, und unser erster scheuer Kuß.

10.02.2020, 29.07.2022

LENA (g-moll)

Daß Du, als wir überraschenderweise in einer Wohnung uns begegnend, plötzlich doppelt warst, ich meine es, wie ich es schreibe, zweifach stand der Körper der Lena, wie ich sie in Erinnerung hatte, vor mir, nicht deine jüngere Schwester, sondern wirkliche Zwillinge, und daß ich, als ich den Körper, von dem ich meinte, er sei die Dublette, sacht am Arm faßte, in diesen gezogen wurde und so glaubte, zu Dir geworden zu sein, eine Täuschung, denn sobald ich ein kleines Wort der Begrüßung an Dich richtete, ertönte die voluminöse tiefe Stimme eines Mannes, wiewohl, an mir herabblickend, mir aber die milden Formungen dieses Körpers nach wie vor die deinigen erschienen, und wieder andrerseits, da war ein Spiegel: deine zusammengebundenen Haare, die Gesichtszüge Dir ähnelnd, doch ein wenig herber, nur um ein weniges, sie *mochte man einem jungen Mann oder einer Frau zusprechen*[1], also daß ich mich zu deinem Zwillingsbruder gewandelt? Aber daß ich gelassen bliebe, da ich schon mehrfach sinniert, Gedanken verfaßt, wie die Grenzen zwischen Menschen und Geschlechtern sich verschoben, und wie mir die Erzählungen der Antiken in den Sinn kamen, Narcissus zunächst, aber da war weder Wasser noch ein Glas, was uns trennte, weder Welle noch Spiegelbild, ich wußte, daß da ein Körper ist, ich faßte ihn ja an; Iphis vielleicht, aber ich verzweifelte nicht wie sie, dich nicht genießen zu können, schon weil ich den Körper, in den ich geschlüpft oder geworfen, weder kannte noch mich verkleidete noch gezwungen war, zu verbergen sein Wesen. Und daß ich nicht wußte, ob überhaupt ich begehrte Dich, wenn ich das nächste Geschick der Vergeblichkeit verkehre, in dem *Eine wie Byblis wünschte zu sehen den Leib mit dem Bruder zu einen*[2]. Vielleicht hatten mich Götter geworfen in diese Bedrängnis, nicht getäuscht bin ich von einem trügerischen Bild geschwisterlicher Liebe, zumal ich auch wach bin und nicht wie sie im Träumen ihrer ersinne. Versagen der alten Mythen, zu welchen ich mich auch wende, gewiß zwar ein Duft aus alten Märchenzeiten, als die Söhne der Götter sich nicht scheuten, zu freien um ihre Schwestern, auch das ist es nicht, wodurch mich die Ratlosigkeit umfängt, daß es kein Frevel, wenn ich Dich umfinge, der Inzest keine Frage der Moral, sondern ob mir das Verlangen nach einem *Doppelwesen in einem anderen Geschlecht, die Liebe eines Wesens, das uns völlig gleiche, aber doch ein anderes sein soll*[3], wobei dieser so Überlegende nicht an ein gleichgeschlechtliches Vereinen dachte. Anderseits kann ich eben nicht sicher sein, in welcher Gestalt ich in die andere Lena geschlüpft, die starr und schweigend vor mir, und auch das Wort *Doppelwesen* zweideutig, nicht geklärt, ob jener Hermaphroditus im Sinn, man erinnere sich an meine eingangs gemachte Bemerkung über meine Stimme und die Rundungen, die ich zu erfühlen wähnte, aber es fügten sich nicht zueinander unsere zwei Körper, niemand wuchs in mich hinein, also keine Hilfe auch jener Mythos, eben so wenig, wenn man von der *Doppelgeschlechtlichkeit der Seele* spräche, ob wir nur vom Geist des anderen umfangen oder umarmt würden, Überlegungen, die die Wirklichkeit noch mehr verdunkeln. So ansetzen muß ich wieder von einem anderen Blickwinkel: Daß es mir zu banal, daß wir eins würden, die Verschmelzung des Tantra, tausendfach gesagt, also überflüssig, da diesem die Seele fehlt, nur die

Körper sich bezähmen, um einer zu werden, nichts was mir hülfe, der ich jetzt so unbeweglich wie Lena, deshalb auch die Ursehnsucht des Platon beiseite lassend, in der die Zwei zu Einem zurückkehrte, vielmehr umgekehrt der Gedanke, daß einer *zwei* würde, sich verdoppelte, in beliebige Gestalten, mehr als die gewöhnliche ἔκστασις, um zum anderen zu werden, mehr als ein Heraustreten, sondern eher ein Herausfahren, daß einem zwei Körper zu eigen. Aber wie sagen, wie sich solches vollzog, so daß ich eine andere aus jenem Text sprechen lassen muß: *Aber je länger du hinsiehst, desto mehr saugt dich das Bild aus ihr heraus. Dein Körper bleibt allein auf seinem Platz stehen. Die Welt saugt dich auf*[4]. Aber wie sagen, wie sich solches vollzog, nachdem ich, Lena beobachtend, sie sachte berührt hatte? Wo ist mein alter Körper? Ich denke doch, wie ich bisher immer gedacht mit *ihm*. Hat Lena als ihr Zweitbild *mich* aus sich geboren, oder habe ich mich in sie geworfen, mich aus ihr heraussaugen lassen, oder wurde sie aus mir in ihr zweites Ich gezogen? Ich stehe wieder da wie zu Beginn.

Und daß Du plötzlich lägest auf einer Holzbank, unbekleidet, über deren Kopfseite ein hoher Wandspiegel, ein zweiter an deiner Seite, deine Augen geschlossen, als ob Du schliefest, und ich meinte, dein Körper habe sich gespalten, nicht in der Verdoppelung, wie ich es phantasierte, denn lebensgroß deine beiden Körper*teile*, scharf getrennt am Nabel, ich Dir so nahe, daß sie mein gesamtes Gesichtsfeld ausfüllten, die Spiegel als die neue Wirklichkeit, daß jedenfalls du dich teiltest in zwei in diesen Gläsern, so daß ich wählen könnte, welchen ich aussersähe, ob den eingeschlafenen Kopf auf einem gelben Stoff mit dem Oberkörper, wo fast nichts sich erhob, was einer Frau ähnelte, die schlafende Unentwickeltheit, oder vielleicht den Unterleib, beginnend mit deiner Hüfte, wo unter der Kahlheit etwas lauern möge, deine Beine, wenn du das linke hebst, es mag aber, denn die Richtungen mögen mir abhanden gekommen sein beim Starren in das bannende Glas, das andere sein, das sich gegen die Schrägenwand stemmte, daß durch die Verdoppelung ich mit dir teilen könnte uns in mich, so daß in einem Körper wir, daß wir nichts verlören oder aufgeben müßten, daß wir so eins würden, indem ich einen Teil deiner an mich nähme: Doch lieber das Oben, weil es in seiner Ungeformtheit mir selbst ähnelte, daß aber der andere Teil dann zu mir käme, sich zu mir legte, mit seinen Armen mich umschlingend, ich eine Brust, die genau so schmal wäre wie meine, berühren könnte, so daß Weibliches und Männliches wie zwei Mädchen verschmelzen mochten, so daß ich die Freiheit hätte, mir jedes Gesicht vorstellen zu können an dir. Aber ob wir dann zu einem Siamesischen Zwillingspaar mutierten, ob ich mich dann aus mir in Dich hinübergefühlt haben werden könnte, ob ich mich in Dir umarmen würde[5], wie die Gestalt des Dichters imaginiert, denn unsicher dann, ob doppelt mein oder dein Gesicht neben mir, *wen* ich also hätte ergriffen. Aber dein liegender Kopf schliefe immer noch, der andere Teil des Torsos, Beine und Füße, die unverändert ruhten wartend im Spiegel, mir unerforschbar: Alles löste sich auf in mir.

Und daß mir schwindelte, weil ich nicht mehr wüßte, wo ich eigentlich sei, ich mußte wohl träumen, daß eine Zunge in mich kröche, eine Zunge, die meiner Schwester ist oder meinem Bruder, die ganz in mich kommen müßte, die mir die

Unschuld nähme, einem neuen Leben zur Geburt verhülfe mir; daß es Wahn bleiben müsse, daß sie meine Quelle zöge hinein in sich, sie tränkte und mit ihr sich betränke, wie wäre es möglich, daß Du ruhtest so bei mir, die ich jetzt Du wäre. Doppelte Wirrnis, weil ich nicht wüßte, ob überhaupt einer der Körper noch der Wirklichkeit angehörte, gleichwohl da keine vergebliche Sehnsucht wie bei Narcissus, denn es ist kein vergeblicher Kuß, *daß* er sich ereignet, *daß* die Quelle bei mir, daß ich unkundig, ob wir eins sind, ist es, was mich wirft aus der Welt, denn *wir hätten eine Gestalt, uns ist das gleiche Gesicht*[6], daß jetzt alle Bücher sich mischen, obwohl sie ihre Aussagen verdrehten: Daß ich keine Narcissa bin, weil Spiegel und Wirklichkeit eins; daß ich nicht Iphis, weil wirklich *auch die Natur es gestattet, daß Du kommst zu mir nicht schadend*[7]. Aber wir können doch nicht ein ganzes Leben als doppelte Eins gestalten, daß irgendwann einer den anderen aus sich heraussaugen werde, hast Du das nicht bedacht, Lena?, versteht Du, unsere Gedanken, meine Gedanken sollen die meinen bleiben wie die deinen Dir, selbst Zwillinge, so sehr sie sich ähneln im Äußeren wie im Verhalten, sind der eine und der andere. Und ich will nicht von Dir geliebt werden, solange ich nicht weiß, ob wir als *zwei Blätter an einem Stiel sitzen und nicht nur durch ihr Blut, sondern mehr noch durch die Wirkung der völligen Abhängigkeit miteinander verbunden sind*[8], also wo wir entspringen, wo unser gemeinsamer Stiel, da Du schweigst, mir nicht sagen kannst, ob wir unsere Empfindungen miteinander mitfühlen, weil das Geheimnis darin bestünde, daß wir auch andere seien, in unterschiedlichen Körpern einander aufsaugen könnten.

Und ich wollte aufspringen von dieser Holzbank, als sich wieder mein Körper verwandelte, daß ich wirklich Lenas Bruder, daß ich als Mann auf ihr lag, das Unvermeidliche, nachdem es mich nie gedrängt, geschah in einer solchen intimen Position, deine Augen aufspringend, während, dein rechtes Bein sich immer noch stemmend gegen die Schräge, ohne Laute des Erstaunens oder gar der Wollust, Du das andere neben es stelltest, mich so einklemmend in Dich, und ich erstarrte, auch meine Lippe genau im Augenblick der Berührung festgefroren, während dein Atem stob aufwärts zu deiner Nase, wir waren verhärtet ineinander wie in einer Photographie, einer einheitlich gefügten Statue, mein Unterleib ebenso bewegungslos, daß ich wohl festgewachsen in Dir, eingeklebt, das Siamesische Zwillingspaar in einer wohl noch nie gesehenen Vereinigung, wie sollte diese gelöst werden? Und wie sich dann doch unsere Zungenspitzen trafen, jetzt dein Atem wie Nebel um mich strömend, daß es nicht tiefer gehen darf, weil es den Atem uns nähme!, deine Augen aber sich wendend zu einem anderen, der neben uns stünde, der uns ertappt haben mochte, hoffnungslos, mich in Dir zu bewegen, der Tod, da unser Fleisch ineinander verbissen, daß *wir den Scheidungen des Menschentums nicht mehr untertan seien*[9], aber da wir alle Grenzen verloren, waren wir nur eine einzige Masse, die das Eigene nicht mehr kannte, und anders als bei jenen alle Stufen des Verlangens zerstört, unvorstellbar eine Operation, und da keine Scheidung mehr spürbar, müßten wir in diesem Einssein vergehen, untergehen,

  als ich, weggerissen, wieder mit eigenen Augen vor dem Spiegel, der ins Überdimensionale vergrößert, Dich nur allein, nackt und schimmernd im Staub des Lichtes taucht der Ozean deiner Zunge Lust in dich selbst hinein, das Wunder, daß du küßt die eigenen Lippen, die sich erspüren an Dir sich, werden von Dir begrüßt, unverdorben wachsend ineinander, und nahtlos fügen sie sich zu einem, und endlich schließen die Augen, ganz gewiß, so ahne ich, sehend sich trotzdem, und Du formst dein Gesicht zu einem, und dann brechen sie blicklos im Glas sich.

09.11.2020

WIR IN IHNEN (h-moll)

Sie waren schon hoch in den achtziger Jahren, nicht derart, daß wir sie an der Schwelle des Todes stehen sähen, denn sonst hätte man uns diese ehrenamtliche Betreuung, für die wir uns beworben hatten, gewiß nicht übertragen, da wir beide keine fachmedizinische Ausbildung besaßen, die wir die Schwelle zu den *senes* auch schon überschritten hatten. Das Paar war noch in der Lage, sich mit Einschränkungen in ihrer Wohnung zu bewegen, er war allerdings auf ein Instrument der Bewegungshilfe angewiesen, auch das Aufstehen von Bett oder Stuhl bereitete ihm Mühe; seine Gemahlin war körperlich noch etwas mobiler, doch litt an rasch fortschreitender Demenz, vergaß nicht nur, welchen Tag wir schrieben, war kaum mehr in der Lage zu lesen, sondern war sich im Unklaren, wo sie überhaupt wohnte, hatte nach kurzer Zeit auch unsere Namen vergessen. Auffällig uns gleich das Fehlen der Zähne: Sie hatte nur einen Schneidezahn im Unterkiefer, er einen Eck- und einen Backenzahn, und sie schienen diesen Zustand des Verfalls einfach hinzunehmen, ohne sich Prothesen einpassen zu lassen. Manchmal hatten wir den Eindruck, der Tod sei beschlossene Sache für die beiden, gleichwohl hörten wir keine Klage oder Verzweiflung aus ihren Worten, sondern daß sie wohl fühlten, daß *sie jeden Tag stürben, weil ihnen jeden Tag ein Teil ihres Lebens weggenommen werde*, Ideen, die uns nicht fremd waren, weil uns immer die Erkenntnis, daß es nicht Akt des Tod, der uns auslöscht, sondern daß wir lange schon zu ihm gegangen waren. Wir sahen, daß das alte Paar zunehmend schwächer wurde, er hatte Mühe, Dusche und Toilette zu erreichen, alle Gelenke lösten sich, so erzählte er, auf; sie bemühte sich zwar, kleine Tätigkeiten im Haushalt durchzuführen, klagte aber über Appetitlosigkeit, verzweifelte, daß ihr die meisten Erlebnisse der letzten Jahre entfallen. Soweit es in unseren Kräften, sorgten wir für sie, erledigten die Einkäufe, hielten die Wohnung in Ordnung und wurden verwoben mit ihrem Leben, so daß wir oftmals in ihrem Gästezimmer übernachteten, und wir versuchten, mit Hingabe und Aufmerksamkeit sie zu betreuen; lasen ihnen, als sie wie Liebende auf ihrer Couch saßen, Bücher vor, durchaus anspruchsvolle Texte, E.T.A. Hoffmann, Adalbert Stifter (der *Bergkristall* rührte sie zutiefst), das Leichte und Abgeschmackte wäre oft ihr Leben gewesen, jetzt wollten sie in Tieferes eindringen, denn der Weg zum Tod solle kein unbeschwerter sein, und auch wir sollten ihnen keine Illusionen des heiteren Lebens vorspiegeln, denn sie wüßten um den nahenden Tod, aber an Hand der Briefe des Seneca, die wir ihnen in Auszügen nahebrachten, seien sie ebenso sicher, daß ihr Leben *durch den Tod nur unterbrochen, aber nicht für immer fortgerissen werde*, sie also weder des Lebens noch des Todes Sklaven seien. Es entstand ein ungewöhnliches Wechselverhältnis: Wir erkannten uns in ihnen wieder, aber spürten, wie sie zerfielen; sie wollten die Liebe zum Leben *nicht abwerfen, aber sie zumindest so abschwächen, daß jene sie nicht zurückhielte oder behinderte,* während wir sie bewunderten, daß sie sich nicht aufgaben, selbst aber zu uns sagten, obwohl uns sicher eine Generation von ihnen trennte, daß es bedeutungslos sei, ob das Absterben schnell oder langsam vorangehe, ob wir selbst schneller oder langsamer stürben. Manchmal glaubten wir, daß wir uns in ihnen spiegelten, daß sie unser Bild seien, wie wir in dreißig Jahren sein könnten. Nicht nur erschienen die Tage uns gleichgewichtig wie das ganze Leben, auch ihre Tage faßten zunehmend unser eigenes Leben zusammen; wir gestalteten die Tage, die wir für sie sorgten, für uns alle nicht im Sinne des banalen *carpe diem*, sondern erblickten sie, als ob sie unsere letzten sein könnten, und wir betrachteten die beiden unbeweglich Sitzenden, die uns aufmerksam zuhörten, als wären wir es selbst, und als die alte Frau nickte und lächelte, strahlte ihr letzter verbliebener Zahn, und wir fühlten uns wie sie, wurden hinübergezogen zu ihnen.

Und wir saßen wie Liebende auf der Couch, mich quälend meine Schmerzen in allen Gelenken, daß ich Mühe für die kleinsten Bewegungen hatte, ein Reißen in einem meiner verbliebenen Zähne; meine Gefährtin, die am Nachmittag noch einigermaßen mühelos das Spülen des Geschirrs besorgt hatte, mich immer wieder fragend, wer diese fremden Leute seien, die vor uns auf Stühlen am Tisch saßen und uns vorlasen, sich plötzlich erinnernd an den Ausdruck vom *guten Sterben*, über die diese anderen uns erzählt, daß man *das Leben genießen solle, weil wir nicht allzu sehr davon abhingen, wie lange es noch gehen werde*, ja, so sie mit klarer Stimme, anständig sterben aber heißt, *der Gefahr eines schlechten Lebens aus dem Wege gehen*, und unsere Betreuerin nickte, daß wir auf diese Weise gut gelebt hätten und so das Unvollendete sich vollende und auch das Entschwundene sich mit dem glücklichen Leben füge.

Paraphrasen aus Seneca, *Epistulae Morales*; in der Reihenfolge des Erscheinens: 24,19; 36,10; 26,20; 61,2; 70,6.

13.08.2022

VIERMAL TÖTEN (C-Dur)

Ob es überhaupt, ganz allgemein will der Berichtende die Frage stellen, Unschuldige gibt, und ob der Einzelne, der am Rande steht, wissend, sein Posten ist ein verlorener, zögernd ob der Überlegung, ob ihm der Mut, die Linie zu überschreiten, die Rechtfertigung, ob er mit einem anderen sagen kann, er habe doch nur eine widerwärtige, schädliche Laus erschlagen? Dabei ist dem so Räsonierenden nicht im Sinn, nach der Berechtigung von Tyrannenmorden zu fragen. Die Tötung eines Hitlers ist so selbstredend, daß sie nur die Gedanken von Moralisten oder Protestanten durchzieht, denen beiden es eignet, daß, da die Menschen gleich seien, alle das Recht auf Leben hätten, und die über Gebote der Menschlichkeit schwadronieren und gewisse Ausnahmen eines sogenannten sittlichen Imperativs. Doch wer legt fest, wer ein Hitler ist? Ob also die menschliche Selbstermächtigung, so die eingangs aufgestellte Frage, ausreichend, das *sic semper tyrannis!* auszurufen? Einem Utilitarismus das Wort zu reden, daß solche Akte keine Lösungen hervorbringen, daß die Nachfolger der Opfer oftmals ihre Macht noch mehr verschärfen konnten oder daß die zwei Schüsse 1914 in die Katastrophe Millionen anderer führten, verfehlt das Wesen solcher Akte: Diese waren schon geboren zum Tode in den Dezennien zuvor; jene bedurften nicht der Einzelnen, weil ihr Böses ihr unveränderbares und eingeborenes Sein war, das sie auch ohne fremdes Zutun kreißen würden. Eher ist der, der diesen Schritt wagt, einer, der einfach nur sich selbst sagt: *Für mich habe ich getötet, für mich allein, ohne der Wohltäter irgendeines Menschen sein zu wollen*[1]; oder der dichtete: *Lebt wohl ist die Zeit vergangen: Zerplatzt ohne mich jetzt die Adern den Guten*[2]. So sollen also vier Vorfälle dargelegt werden, die am wenigsten *psychologische* Einblicke in die Tötenden versuchen wollen, gar auf vulgäre Weise von latenten Aggressionen oder Strukturen von Trieben reden, sondern in knappster Form, beteiligungslos *sans affection* berichten, wie Menschen durch die Hand des Berichtenden oder seiner Freunde zu Tode kamen. Man wird einwenden, daß diese Ausführungen nichts Erzählerisches an sich hätten und daß sie von Fremdzitaten überfrachtet seien. Darauf kann nur entgegnet werden: Andere haben ebenfalls ähnliche Gedanken geboren, und man ist sich sicher, daß so sich das Töten zutragen werde können.

Der Berichtende möchte mit seinen Erinnerungen, für deren Wahrheit er sich verbürgt, mit einem Akt beginnen, dessen Tat die Wenigsten billigen werden. Daß es vielleicht keinen Grund gab, sie zu töten. Daß sie auch keine *Laus* gewesen, ganz sicher sogar; daß es ebenso kein geplanter Mord, weder aus Gier noch um Macht zu erringen. Viel zu unbedeutend ihr Vorwurf, daß sie R., die die Tat zumindest billigend in Kauf nahm, vorgeworfen, sie habe bei einer entscheidenden Prüfung betrogen, er ihr Helfer gewesen sei, indem er ihr die Aufgabenstellung verraten: Ebenso kein Anlaß für eine Tötung, da beiden kein gewichtiger Nachteil entstand. Daß sie keine Person von Macht gewesen, nur ein armer Tropf, die sich aufgeblasen hatte, eine Wichtigtuerin, Karrieremacherin, die R. und er hätten ignorieren können, weil sie keine Gefahr für ihrer beider Leib und Leben gewesen wäre; daß sie nicht dachten, in ein Schicksal einzugreifen, anders als es jenem schon Zitierten im Sinne, daß sie ohnehin von selbst sterben werde; daß jene zwar gewiß Teil *der geschlossenen Mehrheit, der verfluchten, geschlossenen, liberalen Mehrheit*[3] sei, aber daß man nicht diese liberale Mehrheit ausrotten könne, denn dann müßte man jeden Beliebigen ausrotten, die allesamt Schuldige seien, nur weil sie zur Mehrheit gehörten. Dies ist aber keine Frage einer moralischen Verurteilung, wenn einer es wagte, zu solchen Taten zu schreiten: Der dies Schreibende betont, daß er nicht an reale Taten denkt, sondern an die Phantasie, die sich gebiert aus einer Unerträglichkeit der Herrschaft dieser Mehrheit, die *das Unmögliche an sich, dessen Negativität sich am geistigen Himmels Europas entfesselt hat*[4], ist. Welcher Art Täter also? Möglicherweise solche, deren *ennui* etwas Verbotenes gebären will, Hassen als verbotenen Lebensstrom, Überwindung und Überschreitung der Selbstverbote in das Eingesperrtsein. Die eigentliche Tat ist schnell erzählt, kaum etwas, was sich zu einer Geschichte ausformen läßt, was zum Einwand führen könnte, daß die intellektuelle und stilistische Überfrachtung zu einem Mißverhältnis zum erzählten Stoff führt, der beinahe eine Fußnote werde: Der Berichterstatter hält diesen Einwand für ungerechtfertigt, zumal er in einem Widerspruch befangen ist: er postuliert, daß eine Geschichte *ein Bild der Zeit sein müsse, mindestens die Widerspiegelung eines Lebens*[5], ein platter Realismus, der dem *Wahren* anheim hängt. Was aber, wenn dieses nicht einem unterhaltsamen Erzählen unterworfen werden, sondern nur von einem außenstehenden Standpunkt intellektuell, geistig erfaßt werden kann? Deshalb wird es hier kein Drama, keine soziale oder psychologische Entwicklung geben, nichts Anderes oder Höheres, sondern nur das, was man über diese Tötungsfälle registrieren kann. So was geschah? R. und der

Erzählende fuhren mit der Person, die ihr Opfer sein sollte, nachtens in einem Nahverkehrszug. An einer abgelegenen Station zog man einen Revolver, erschoß die Person und warf sie aus dem Zug. Das war schon das gesamte Wahre und Reale. Wenn man Gestalten betrachtet, die der Austausch von der Kanalisation auf die offene Straße gespült; wenn man weiß, daß sie beinahe ungestört ihr Leben verbringen dürfen, welche Verbrechen sie auch immer begangen haben; wenn ethnische Kloaken das Reine und Gefügte so weit überschwemmen, daß der Mensch sich erschöpft in Simulacren beliebiger, hybrider Mischprodukte, in denen man ertrinkt; wenn man also nicht mehr abseits stehen kann, um das Identische zu bewahren, das Eigentümliche, das Ein-Geborene, weil man die Eindringlinge *nicht mehr ignorieren kann, weil sie in der Bewegung der Zerstörung begriffen*[6], weil aller Tore Schlüssel man verloren, so die Schleusen, gebrochen, deren Kontrolle längst aufgegeben, fremde Fluten hineintosen lassen; wenn *angesichts dieser so unterschiedlichen Visagen die Idee einer auch nur in noch so geringem Masse homogenen Gemeinschaft unvorstellbar*[7]; wenn der viel zitierte *Wald* als Refugium beinahe zum Unerreichbaren geworden, weil jene auch ihn durchseucht haben, die nicht willens sind, unsere Gesetze und Sitten anzuerkennen, unsere Sprache zu lernen und bereit, unser Nation- und Volksein als ein bewahrenswertes Gut auch für sich anzunehmen und zu verteidigen, also Regeln und Gesetze ihrer neuen, *unserer* Heimat zu bewahren, sondern sich eigene Gesetze, Gebiete, die unsere ersetzen sollten, zubilligen, so die Unmöglichkeit der Einung wie Unterscheidung von Heimischem und Unheimischem; wenn *also der moralische Skorbut, der in der Gesellschaft grassiert*[8], die Früchte, die die Heimat in Jahrhunderten aufgebaut, verfaulen läßt, so daß jenen alle Zähne, mit denen sie zurückbeißen könnten, ausfallen: Dann ist auch der zweite Akt schnell erzählt: Man erfährt von einem, der, Oberhaupt eines der Clans, in deren Bereich einzudringen die ausführende Gewalt des Staates nicht mehr wagt, mehrere Attacken auf Menschen, zumeist junge Mädchen, vollziehen läßt, die gegen seine selbstgesetzten Gesetze gegen sogenannte Unmoral verstoßen haben sollten. Obwohl bei jeder dieser Verbrechen Menschen starben, verletzt und traumatisiert wurden, tritt keine Persönlichkeit des öffentlichen Lebens auf, diese Untaten zu verurteilen, suchend pflichtschuldig nach Floskeln der Betroffenheit, doch die Taten geraten in Vergessenheit. So ist es an anderen, mit dem Ruf *fiat iustitia* in den Palast des selbsternannten Despoten einzudringen und ihn mit zwei gezielten Schüssen aus einem Revolver der Gerechtigkeit zuzuführen.

Bewegten wir uns bislang in der Sphäre des eher Persönlichen und Inneren einer Gemeinschaft, so tritt im dritten Vorfall, der die Frage nach der Berechtigung des Tötens stellt, eine ausländische Macht auf die Bühne. Es war nicht einer derjenigen Staaten, die als Schreckgespenst des Untergangs des Geschichtlichen und des Bestehenden ausgemalt worden waren, für die die fundamentale Unterscheidung zwischen Freund und Feind noch galt, wiewohl man diese Begrifflichkeit unter dem Deckmantel der Menschlichkeit weithin leugnete, sondern einer, weil er als eines der sich absperrenden und weitgehend unzugänglichen Länder galt, als geheime und unberechenbare Gefahr für die Sicherheit des gesamten Planeten beschworen wurde. Es geschah nun, daß die Vertreter dieses Staates einfach *da* waren, im Prinzip eine Unmöglichkeit, denn sie *waren* einfach, ohne daß sich vorab eine Weltkrise angedeutet hätte, ohne daß einer unserer ehemaligen Verbündeten mit Vergeltungsmaßnahmen drohte, ohne daß *irgend etwas* geschah, als sei dies ein alltäglicher Vorgang oder als sei unser Land ein isoliertes Gebilde abseits aller Weltverhältnisse, fast wie ein surrealer Ort der Phantasie oder eines Traums, so daß man bar war jeglicher Überlegungen, die zu den ersten beiden Fällen angestellt wurden, die hier nicht Raum griffen. Fehl gingen jegliche Analogien mit historischen Konstellationen etwa den besetzten Ländern im Zweiten Weltkrieg oder den Eroberungen Napoleons, zumal materielle Einschränkungen des öffentlichen Lebens mit Ausnahme derer, die in den Jahren zuvor durch die Mißwirtschaft der alten Regierung, die den Wohlstand fortlaufend ruiniert hatte, kaum spürbar waren, wie man es bei einer Herrschaft durch Kräfte eines Staates, den man mit Armut und Mangelwirtschaft gleichgesetzt hatte, mit Sicherheit hätte erwarten können. Man fühlte wie vorher als *das herrschende Grundgefühl das der Reduktion und des Reduziertwerdens*[9], das die neuen Herrscher von den alten übernahmen. Wie bislang das Vielfältige und Komplexe des Denkens und der Sprache auf einfachste Nenner gebracht wurde, indem man sie auseinanderriß, kürzte und die Anzahl der Wörter verminderte, indem man solche, die unangemessen erschienen, eliminierte, eine Raserei, vor der selbst Wörter wie Mann, Frau, Eltern nicht gefeit waren, weil sie überkommene Formen der Geschlechtlichkeit ausdrückten, Sturmabteilungen Bibliotheken durchdringend nach Büchern, die dem Gebote einer vorgeblichen Korrektheit widersprachen, umgeschrieben wurden, so wurden jetzt mit dem neu geschaffenen *Ministerium für Sprachreinheit* nicht nur die Bürger, die sich nicht den Diktaten, die von einer kleinen Minderheit ausgingen, beugten, sozial ausgegrenzt oder verloren ihre Beschäftigungen, sondern alle verpflichtet, an wöchentlichen Seminaren oder Schulungen teilzunehmen, in denen diese sprachlichen Vereinheitlichungen und Reduktionen verbindlich eingeübt wurden, eine Maßnahme, der keiner entgehen konnte, weil alle Nischen der Widerrede, alle Inhalte, irgend etwas auch indirekt zu vermitteln, geschlossen wurden. Man konnte den Eindruck gewinnen, als hätten sich nur Äußerlichkeiten der Methoden verändert, während das Wesen des Seienden wie zuvor durch die Verzifferung, Verplanung, Verzüchtung und Verfremdung des Humanum ausgelöscht wurde, so irreal, daß der Berichtende beinahe geneigt war zu glauben, er habe alles nur geträumt. Und wie ein Traum oft nur eine Schaumkrone des Wirklichen wiedergibt, kaum faßbar, um ihn in eine Erzählung umzuformen, so läßt sich die eigentliche Geschichte in aller Kürze darstellen: Während einer dieser Sitzungen der Indoktrination, die man »sprachliche Umerziehungsstunde« nannte, zog man einen Revolver und erschoß den Vortragenden, und der dies Registrierende verblieb in der Hoffnung, daß dem Schützen breite Unterstützung zuteil werde.

Der vierte Bericht, der hier gegeben werden soll, mag noch seltsamer anmuten, weil, da er singuläre Personen des sogenannten öffentlichen Lebens betraf, er erneut die eingangs gestellte Frage nach der Unschuld der Opfer aufwirft, und da diese Tat, anders als die vorangehenden, der Urform eines Attentats entsprach. Aber schon muß der Berichterstatter innehalten: Er mag sich auch widersprechen, wenn er vom Plural *Personen* spricht, obwohl er, wenn er schon nicht Ausführender, so doch Mitwisser des Vorgangs gewesen, mit Sicherheit konstatieren kann, daß nur *eine* Person zu Tode kam (und die Akten der Ermittlungsbehörden bestätigen dies). Leicht läßt sich dieser scheinbare Widerspruch auflösen, wenn man folgende Ausführungen hört: Nicht Menschen zu töten hatte man im Sinn, sondern Masken; es gibt, folgt man noch einmal den Ideen eines schon Zitierten, Objekte, die ‚gewöhnlich' und solche, die ‚ungewöhnlich' sind. Letzteren spricht dieser das Recht zu, jegliches Verbrechen (ersetzend *Verbrechen* durch *Taten*) zu begehen, weil sie ungewöhnlich sind[10], um Masken oder Objekte einer niederen Kategorie auszuschalten, die sich erdreisten, ihre Ergebnisse des bloßen Berechnens und der Verzifferung als Gesetz des Fortschreitens allen Machens über alle Formen des Seienden zu stülpen, so dieses erstickend. Jene also, um das Erzählte ins weniger Abstrakte zu wenden, dünkten unseren Tätern Objekte, denen der Satz eines, der sich in seinem Denken jenseits des Realen bewegte, angemessen sei, daß man blindlings auf sie feuern müsse. Sie sind jene, die alle Grenzen auflösen, das Körperliche des Zwiefachen, die auch den Tod aus dem Leben zu verbannen trachteten, so daß auch das Leben seine Bedeutung als Sein zum Tode verlöre, indem sie mechanisierte Halbwesen schüfen, die Menschen nicht mehr genannt werden können, da sie das Menschliche und Leibliche in eine maschinisierte Wolke zu transformieren planten mit dem Ziel, daß *sie sich zur intimen Verlängerung unserer selbst und wir zu ihnen würden*[11], wie einer von ihnen irrwitzte. Ihre Eliminierung sei so im Grunde kein Verbrechen, weil kein Mensch umgebracht würde für das Volk, sondern ein Zwitterwesen, daß nur *die Belanglosigkeit der globalen Allgegenwärtigkeit sei*.[12] Was gehe also der Summe verloren, wenn eine Null subtrahiert werde? Was sei daran verwerflich, eine *Maschine* zu zerstören, auch wenn die Maschinenstürmer der Vergangenheit den sogenannten Fortschritt nicht aufhalten konnten? Jeder, welchen Namen er auch trage, der das Humanum zu übersteigen trachtet, sei also ein Schuldiger, und einer, der handelte, zeige, daß *ein Mensch genügt als Zeuge, daß die Freiheit noch nicht verschwunden ist*[13] zur Tilgung der Schuld.

So räsonierte man, als man zur Tat schritt, und so war der Name des möglichen Kandidaten, den es treffen sollte, etwas Unerhebliches und Beliebiges. Nur die Wahl der Waffen wurde abgeändert, weil eine Schußwaffe wie in den obigen Fällen verworfen wurde, denn mit dieser tritt man einem ebenwürdigen und ehrwürdigen Gegner im Kriege entgegen. Angemessen ist hier nur die althergebrachte Handwerkskunst. So entführte man jenen bei einer öffentlichen Veranstaltung, verfrachtete ihn in einen geheimen Keller, amputierte ihm die Hände, damit er nicht mehr schreiben, schnitt ihm die Zunge heraus, damit er nicht mehr reden konnte, stülpte ihm eine VR-Brille, die sich nicht abnehmen ließ, über den Kopf, die ihm abwechselnd Pasolinis *120 Tage* und eine halbe Stunde Schwärze zeigte, sowie Kopfhörer mit Musik von Napalm Death und der Johannespassion. Man überlegte, wie lange man ihn als ein solches Pseudowesen noch leben lassen solle, bevor man ihm die Kehle durchschnitte.

02.07.2021, 01.06.2020, 23.01.2020, 19.06.2022

EIN EINKAUF (C-Dur)

Wenn du in den Einkaufsmarkt gehst, wie gewohnt zuerst an den Ständen mit frischem Obst und Gemüse vorbei, und eine Gestalt dir in den Weg tritt, von der du zunächst unsicher bist, ob es ein Mensch oder ein Android oder Avatar ist, denn etwas gläsern sein Blick, aber, so denkst du, es gibt ja diesen flachgesichtigen Montagetyp, den Einheitsmenschen, andrerseits doch natürlich seine Bewegungen, fast wie ein Geschäftsmann gewandet, der dir mit durchaus menschlich modulierter Stimme einen wunderschönen guten Tag wünscht, ob er dir einige kurze Fragen zu deinen Einkaufsgewohnheiten stellen dürfe, gewohnt bist du es ja, daß man dir überall mit Umfragen zu Leibe rückt, weil Meinungen ja angeblich zählten und zur Verbesserung von diesem und jenem beitrügen, wiewohl du wüßtest, daß viele Statistiken nichts aussagen und sie nichts verbessern; wenn er also dann seine Frage wiederholte, dichter auf dich zutritt, wenn er dann dich, so dein Gefühl des fehlenden Abstands, bedrängte, in der Hand, die durchaus einer menschlichen ähnelte, Fingerknochen, sogar eine leichte Behaarung, so daß du dir erneut unsicher würdest ob seines Wesens, weil du, trotz deiner Abneigung gegen Befragungen, intuitiv eher einem Menschen als einem Roboter antwortetest, er jedenfalls ein elektronisches Gerät in dieser Hand, das er geschickt wie ein Mensch mit einem Stift zu bedienen sich anschickte, dich nach deinen Gewohnheiten zu fragen, scheinbar Harmloses zunächst, welchen Weg du gewöhnlich nähmest, im oder gegen den Uhrzeigersinn und ob du die Eigenmarken oder Marken fremder Anbieter, ob du Biowaren oder althergebrachte bevorzugtest oder Vegetarier seist oder ob du vorher die Prospekte der anderen Anbieter verglichest und diese besuchtest, wenn du einen Sparpreis feststelltest, du darauf nichtssagende Antwort gebend; und wenn er aber nach deinem Alter und Geschlecht sich erkundigte, du etwas unwirscher würdest, daß letzteres doch aufgrund deines Aussehens, deiner Stimme offenkundig sei, er dich belehrte, daß jenes in seiner Multiplizität nicht aufgrund so oberflächlicher Merkmale, wie du sie nanntest, festzulegen sei, eine ausufernde Erklärung beginnend, daß Studien in den USA herausgefunden hätten, daß die Diversität der Geschlechter eine neue Vielfältigkeit der Nahrungsangebote erforderten und diese den mannigfaltigen Bedürfnissen anzupassen sei; und wenn er, als um dich herum mehrere der sogenannten Befrager in einem unentwirrbaren Menschengeknäuel andere Kunden belagerten, deren Sprachbabel dröhnte und seine Worte kaum von denen der anderen Wesen unterscheidbar wurden, an einer weiteren Gerätschaft, die wohl in seinen Unterarm eingearbeitet war, nestelnd, seiner Stimme einen offensiveren und drängenderen Tonfall gebend, daß die Kernpunkte der Befragung erst jetzt begännen, daß du wohl einer der Widerspenstigen seist, die die Segnungen einer modernen Technik, die unser aller Leben in neue Dimensionen führen würde, nicht zu schätzen wisse, daß er den Eindruck habe, du kaufest nur ein, um die willkürlichen täglichen Bedürfnisse zu erfüllen, dies zeige auch dein gehetzter Eindruck, den er sofort mit seinen Sensoren erfaßt habe, mit dem du den Laden betreten, als seist du abweisend eines vielfältigen Einkaufserlebnisses, das ein geplanter Genuß sein müsse, wo sei überhaupt dein digitaler Einkaufszettel, womöglich schreibest du mit der Hand unverbundene Artikel auf, ein Tastendruck, und er überreichte dir ein Blatt, das unverständliche Diagramme enthielte, Kühlschrank, Heizung, Telephon konntest du gerade erkennen, gewiß seist du einer jener technophoben Reaktionäre, die sich weigerten, der Organisation, die er vertrete, die Planung und Installation ihrer segensreichen Verbindungen zu gestatten, Planlosigkeit, die zur Anarchie, ja zur Zerrüttung der Wirtschaft führe, zumindest dem Kühlschrank müsse man erlauben, Bestellungen zu organisieren, um die Einkäufe aufs Effizienteste abzuwickeln, gerade für Menschen deiner Altersgruppe, die zur Vergeßlichkeit, ja Demenz neigten, denn Zahlen aus Amerika bewiesen, daß die Gruppe der über Fünfundsechzigjährigen, die männlich seien, am verbohrtesten auf ihre sogenannte Individualität pochten; und wenn er dann, das Gekreische der Umstehenden war mittlerweile zu einem Tumult aus nur noch kakophonen Lautinterferenzen angewachsen, als du höflich ihn batest, dich doch endlich deinen Einkauf beginnen zu lassen, die Arme ausbreitete und, dir wie anderen Kunden auch das Weitergehen verwehrend, beschied, daß dein Einkauf nur begonnen und fortgesetzt werden dürfe, wenn du einen Vertrag unterzeichnetest, der ihm, man sei verpflichtet, ihm die Wohnadresse mitzuteilen, gestatte, mit einer Videoschaltung deine Wohnung zu kontrollieren, um die Voraussetzung zu schaffen, deine sicher veralteten Geräte mit den neuesten technischen Standards aufzurüsten; und wenn er, seine Stimme hatte die anfangs angenehme, schmeichelnde Tönung längst verloren und war zu einem blechernen Gescheppere mutiert, verkündete, daß seine Behörde einen Erlaß in Kraft gesetzt hatte, daß jeder Einkaufende sich verpflichten müsse, nach Überprüfung seiner Wohnverhältnisse eine grundlegende Revision aller elektrischen Gerätschaften zuzulassen, die den modernsten technischen Standards entsprechen müßten, andernfalls eine Erhöhung der Preise für Eßwaren des täglichen Bedarfs um 25 Prozent, für Haushaltsmittel um 33 Prozent und für sogenannte noch genauer zu bestimmende Luxuswaren um 50 Prozent mit sofortiger Wirkung in Kraft trete, wobei nur Brotwaren und Wasser davon ausgenommen seien, um Härtefälle zu vermeiden. Inskünftig würden alle Einkäufe mit den vorhandenen Vorräten abgeglichen werden, was sowohl überflüssige Besorgungen verhindere, so allen Kunden Einsparungen verschaffe, wie auch stets Hinweise erfolgten, die auf Fehlendes exakt hinwiesen. Dazu sei es erforderlich, sich mit sowohl Ausweis wie auch Sozialversicherungsnummer wie auch den letzten sechs Stellen der Bankverbindung zu registrieren, zudem die Zustimmung zu erteilen, daß nach Auswertung dieser Daten, bei denen selbstverständlich alle Datenschutzrichtlinien beachtet würden, auf elektronischen Wege personalisierte Einkaufszettel übertragen würden, von denen nur in Ausnahmefällen, zu denen schwere Erkrankungen zählten, abgewichen werden dürfe, da nur auf diese Weise sowohl die persönliche wie auch die allgemein gesellschaftliche Kette von Erzeugung und Verbreitung aller Art von Waren gewährleistet werden könne. Auf eine andere Weise seien Einkäufe nicht mehr möglich. Und wenn er und seine nicht mehr überschaubare Zahl seiner Komplizen dann, als die Gänge des Einkaufsmarktes überquollen von schreienden Menschen, hilflose Kunden mit ihren Händen, denen mittlerweile eiserne Klauen entwachsen waren, gegen die Wände drängten und versuchten, an ihren Armen rechteckige Kästchen zu befestigen, und als dann Blut schon floß: Da zogst du einen Revolver aus der Tasche und erschossest ihn, zweimal, dreimal abdrückend.

Geräuschlos fiel er zu Boden, mit ihm nach kurzer Verzögerung seine Kumpane – du hattest wohl die Meistereinheit getroffen. Über die Schrottleichen hinwegspringend, hüpften die befreiten Kunden, fielen dir um den Hals, dich beglückwünschend, daß endlich einer den Mut gehabt habe, dem unsäglichen Terror der Werbungspropaganda ein Ende zu setzen; der Marktleiter versicherte dir, daß diese Banden nicht im Auftrag des Geschäfts gehandelt hätten, sie hätten sich unter dem Vorwand, einzelne Befragungen durchführen zu wollen, eingeschlichen. Sich eine Gesellschaft auszumalen, in der alle Handlungen von einer anonymen, nicht zu kontrollierenden Instanz geplant und berechnet würden, die in die tiefsten Schichten der Persönlichkeit eingriffe, in der die Menschen sich den Befehlen einer fremden Maschinenherrschaft unterwürfen, erzeuge in ihm tiefen Schauder, und die Perfektionierung der Technik, nicht mehr aus sich heraus entscheiden zu können, führe hin zu mechanischen Wesen, willigen Automaten: Zu Apparaten werde auch unser Denken, und dies verhindert zu haben, dafür spreche er dir seinen empfundensten Dank aus und überreichte dir einen Einkaufsgutschein in beträchtlicher Höhe.

19.06.2021

DEVIUS

FÜNF INSELN (Des-Dur)

Als wir auf der ersten Insel gelandet waren, eine kleine Gruppe nur, es sollte ein kurzer Tagesausflug sein, um Vermessungen möglicher Landverluste durch das Ansteigen des Meeresspiegels durchzuführen, die wenigen Quellen, die Trinkwasser spendeten, in neue Leitungen zu fassen, die Funktionstüchtigkeit des Generators für die kleine Wetterstation zu überprüfen. Irritierend schon nach der Ankunft, daß das Eiland abwich von den Informationen, die wir vor dem Abflug ermittelt hatten: Der Basaltkegel, der stark mit tropischen Wäldern und Kokospalmen bedeckt sein sollte, war nicht vorhanden; es hätte eine kleine Siedlung an der Westseite, unweit von unserem Landungsplatz, geben müssen; statt dessen nur einzelne Gruppen von Bäumen, der Boden steinig, möglicherweise Basaltlava, zwei aufragende Felsen, vielleicht hundert Meter hoch, und die Wetterstation. Wir konnten irgendwo im Gebiet der Salomonen gestrandet sein, etwa tausend Inseln und kleinste Atolle, wir möglicherweise mehrere hundert Kilometer von den Hauptinseln entfernt, und doch etwas Befremden, als, obwohl es tropisch schwül war, der Himmel ein einheitliches Stahlgrau, sonnenlos, obwohl es früher Nachmittag. So die geplanten Tätigkeiten fortsetzend, etwas nachdenklich, weil die Wetterstation eigentlich mit drei Menschen besetzt sein sollte, aber verlassen war, dann in geschäftiger und wohltuender Betriebsamkeit, ein Leck in einer der Wasserleitungen ausbessernd, etwas Beruhigung, daß unsere Vorräte für eine Woche ausreichen würden, dann die plötzliche Dunkelheit, nur schätzen können, daß wir auf zwölf bis fünfzehn Grad südlicher Breite uns befänden, aber der Himmel nahezu unverändert, das Stahlgrau sich lediglich gewandelt zu bleifarbener Undefinierbarkeit ohne jegliche Gestirne, so keine Hilfe ein altmodisches Instrument wie unser Sextant, den wir mit uns führten, um auch nur die ungefähre Position festzustellen, beinahe schon erwartend, daß die globalen Positionsbestimmungssysteme uns mitteilten, daß da kein Empfang sei, und so dankbar, daß da Betten in der Station, einschlafend mit dem Gedanken, daß da eine für diese Breiten ungewöhnliche Wetterkonstellation, doch unverändert der nächste Morgen, falls es ein solcher war, Temperatur und Luftdruck gleichbleibend, als ob Wetter und Welt stahlgrau eingeschlafen, und, ebenfalls Glück, daß wir ein solches Gerät dabei, beginnend zu morsen, aber auch da keine Antwort und so nur weiter die Stunden messend.

Und wenn wir dann, wie auch immer es geschah, nach, wie wir vermuteten, zwei Perioden, in denen Tag und Nacht nicht unterscheidbar, erwachten auf einer zweiten Insel, hatten wir wohl schon einige Zeit uns auf ihr eingerichtet, wiewohl jegliche Erinnerung an unsere Ankunft gelöscht. Vielleicht ein Fortschritt, daß wir jetzt ein Dutzend waren, grübelnd aber andrerseits, warum wir uns dort niedergelassen, sicher ich, daß wir keinen Wohlfühlurlaub gebucht, es aber mehr war als ein Rückzugsort mit einer Hütte und einem Boot, und nicht Eskapismus uns im Sinn, auch nicht die Romantik eines Gauguin, um eine Idylle zu finden; vielleicht, daß wir des Satzes eines anderen gedachten, daß wir als *geistige Fischer lebten, das Netz auswerfend in die Schatzgründe der See*[1]; nein auch dies nicht, weil zu viel Zivilisatorisches unserer Heimat uns zur Verfügung stand an diesem Ort, der nicht in einem Tag zu umgehen war, vergleiche ich es mit dem ersten Eiland: Mehrere kleine Dörfer und in der Siedlung mit einigen hundert Bewohnern, in der wir lebten, mehr als das Notwendige für das Leben erhältlich, eine Kirche, die von den Einheimischen sogar Kathedrale genannt wurde, eine befestigte Straße durch einen üppigen Bergregenwald, in dessen Tälern immense Farne wuchsen, sogar ein Flughafen, den mittelgroße Maschinen ansteuern konnten. Wir waren nicht allein, nicht einmal Verbannte, es sei denn, wir hätten uns freiwillig mit dem Bann belegt, von der Unerträglichkeit unserer Heimat davongekommen zu sein, als *soli* ein neues *solum* zu gewinnen; auch nicht Isolierte, konnten uns auch leidlich mit den Einheimischen verständigen, einer der unseren vermutete, daß es sich um einen melanesischen Dialekt handele, aber der Umgebung haftete etwas Fremdes an, mir erschien es als Irrtum, die augenblickliche Sicherheit als *Heimat* zu sehen, denn das neue *solum* war nicht das unsrige, und unerklärliche Ereignisse nahmen uns immer mehr das Gefühl der Sicherheit: Einwohner verschwanden, ohne daß einer es uns erklären konnte, Stürme verwüsteten große Teile der Vegetation, der Nachschub an Waren durch die früher regelmäßig verkehrenden Transportmaschinen blieb aus, die Funkverbindungen waren kaum mehr verständlich und fielen nach einiger Zeit gänzlich aus, und an dem Ort, wo der Flughafen sich befunden hatte, war nur noch eine Sandwüste. Da wußte ich, daß wir wirklich *soli* waren, umgeben von einer Wüste von Salz.

Noch trostloser, als wir erwachten und uns als nur wenige in einer fast vollständig kahlen Gegend wiederfanden, eine Steppe, in der nur Stoppelgras gedieh, wir einfach hineingesetzt in diese Ödnis, so aufbrechend mit wenig Gepäck, sinnlos der Satz, daß wir alles Unsrige mit uns trügen, denn auch wenn wir unsere Tugenden in uns bewahrten, fehlte uns doch das Lebensnotwendige, um uns zu versorgen, waren unwissend, wohin uns zu wenden. Wir waren *zerstreut und weglos*, auch wenn wir uns auf das Einfache bescheiden wollten, denn der Feldweg, eher ein Trampelpfad, gewährte uns keinen Zuspruch; wie an dem früheren Ort stummten Himmel und Horizont in einem grauen Einerlei, als seien sie stehengeblieben. Zeitverloren glaubten wir durch leere Kulissen zu irren, bis auf einer erhöhten Lichtung wir auf eine parkähnliche Fläche stießen, an dessen Seiten Holzbänke aufgestellt, die gewiß künstlich angelegt, von der ein breiterer Schotterweg ins Tal führte, das erste Zeichen von Menschlichkeit, aufsteigender Rauch, der von Häusern in der Senke kam. Tatsächlich ein kleines Dorf, Gärten, Felder um es, in dem wir von einem Englisch sprechenden Mann begrüßt wurden. Ihm nicht zu erklären in der Lage, woher wir kämen, erzählte er uns, daß sie die einzige Siedlung seien, denen ein Refugium gewährt werde, Selbstversorger, Eremiten, die uns aber herzlich willkommen hießen in unserem abgezehrten Zustand. Außerhalb sahen wir vorwiegend junge Menschen, die draußen auf den Äckern Arbeiten verrichten, von denen kein Laut herüberdrang. Unsere Gastgeber berichteten, daß diese Armseligen Opfer der Herrscher der Insel seien und daß es die Sprache sei, gegen die *jene* einen unerbittlichen Kampf des Hasses führten, der schon vor Jahren mit der Ausmerzung von sogenannten inkorrekten Wörtern begonnen hatte, dann zur Eliminierung gewisser Buchstaben wie I, M, N und R, die mit den Wörtern, die andere herabsetzten, der Wortsippenhaft verfielen und also geächtet wurden. Aber es war *jenen*, deren Herkunft ihnen unbekannt, nicht genug, daß das *Vokabular mit jedem Jahr schrumpfte, statt zu wachsen*[2], wenngleich jede Reduktion als Gewinn betrachtet wurde und daß jede Rede zu bloßem Gestammele, das nur die Urheber selbst verstanden, pervertierte. Und *jene*, die von einem ihnen unbekannten Ort in gewissen Abständen immer wieder die Insel durchstreiften, um Abtrünnige einzufangen, hätten wohl die Absicht, das Sprechen gänzlich auszumerzen, weshalb sie allen denen, derer sie habhaft werden konnten, die Stimmbänder durchtrennten. Sie selbst würden von *jenen* nur deshalb nicht behelligt, weil sie schwiegen, vollkommen isoliert lebten und sich nicht in die Welt, was auch immer diese sei, einmischten. Sie wüßten nicht einmal, welchen Namen diese Insel, aber gewiß sei es eine Insel, trage oder wo das Zentrum der Herrschaft *jener*, die ein asiatisches Aussehen hätten, sei und seien auch nicht in der Lage, Transportmittel herzustellen, um zu einem imaginären Festland, das möglicherweise, aber dies nur eine Vermutung, China sein könne, aufzubrechen. So hätten sie sich hier eingerichtet und freuten sich, wenn wir uns ihrer Gemeinschaft anschlössen. *Welcome to silent island!* Und so bleiben wir.

Daß alle Vergleiche fehl gehen bei unserem vierten Ort: Wir waren nicht Robinson, denn wir waren nicht gestrandet, mußten uns nicht Lebensnotwendiges von einem Wrack beschaffen; wir waren nicht umschlossen von einer durchsichtigen, aber undurchdringbaren Wand, mußten nicht jagen und töten, um zu überleben; wir hatten nicht in einer Welt gelebt, in der eine verheerende Seuche alle Menschen dahingerafft hatte; kurz, wir waren nicht ohne Wort und ohne Menschen und mußten so nicht verhungern. Der Vergleich mit Noah verbot sich auch, denn wir hatten mit keinem Herrn einen Bund geschlossen und nie war es uns in den Sinn gekommen, die gesamte Menschheit retten zu wollen, wozu auch, uns oblag es nicht, die Welt zu verändern, sondern nur uns, weil sie noch nicht interpretiert worden war. Unser Zufluchtsort lag in gemäßigten Breiten, unweit uns bekannter Örtlichkeiten, wir hatten ihn nicht einmal selbst gewählt, waren auf ihn verschlagen worden, *waren* einfach da, aber waren uns seines vorläufigen Standes bewußt, der Gefahr, bei einer Zuspitzung internationaler Konflikte nicht unbeschadet davonzukommen. Ob wir ihn einen Glückshort nennen durften, war uns zweifelhaft, denn die Zeitläufte haben nicht mehr die Beschaulichkeit wie vor hundert Jahren, Refugien gibt es im Zeitalter der Sprunghaftigkeit und Volatilität nicht mehr, und deshalb hingen wir keinen Illusionen an, unser Leben werde von Dauer sein. Wir verstanden, um noch einmal jenen alten Flüchtigen zu zitieren, *die Insel als Interregnum, als Zwischenstation zu einer besseren Welt*[3], und selbst dieser Traum erschien uns mehr und mehr fragwürdig, auch wenn wir uns freuen konnten an den Gärten und Wäldern und unseren kleinen Siedlungen, an unserem kleinen Konzertsaal, in dem wöchentlich Konzerte mit Kammermusik gegeben, Lesezirkel abgehalten wurden, ein Stück Leben, um *uns* zu erkennen, wobei Phrasen wie *Zurück zur Natur* oder das *carpe diem*, das in seiner abgeschmackten und pervertierten Form nur die Verdrängung der Unausweichlichkeit der Katastrophe ist, unserem Denken unvorstellbar waren.

Aber wir wollten widerstehen, gerade weil *alle altehrwürdigen Vorstellungen und Anschauungen aufgelöst, alle neugebildeten veralteten, ehe sie verknöchern können und alles Heilige*, auch unsre Heimat entweiht wurde[4], so die anderen irgendwo und nirgendwo wohnten, Treibgut in der Verlorenheit, während wir andrerseits auf eine *andere Weise* nirgendwo wohnen wollten, eben auf dieser Insel, die auch nicht eine Heimat sein konnte, daß sie für uns ein Besitz wäre, sondern daß wir vielmehr nach nirgendwo strebten außer nach uns selbst, ohne uns der Welt gänzlich abzuwenden oder ihr gar gänzlich den Rücken kehren zu wollen, vielmehr zitierend einen alten Meister: *Nirgendwo wohnen ist ein Wohnen, und zwar ein Wohnen ohne jedes Begehren, ein Wohnen ohne das fest abgeriegelte Ich*[5]. Und so blieben wir da, als die Kunde kam, daß fast alles außer unserer Insel verdampft sei,

als wir uns wiederfanden an einem etwas rauhen, aber nur in den Wintern kühlen Ort, hell und durchsichtig der Himmel, die Leere zur Leichtigkeit gewandelt, als seien wir durch den Tod hindurchgegangen, als seien wir erwacht und könnten hingeben uns ohne Verzweiflung diesem Neuen, bezeichneten wir es als Heimat oder nicht, auch wenn wir nicht wußten, ob noch andere ein ähnliches Refugium gefunden hatten, denn es schien keine Satelliten mehr zu geben, die moderne Kommunikationswege hätten ermöglichen können. Ab und an wurden Nachrichten von anderen über einen altmodischen Telegraphen übermittelt, die ein bescheidenes Leben vor der kanadischen Küste oder auf St. Helena führten. Diesmal waren uns sogar zwei Inseln, die durch einen wenige Kilometer breiten Meeresarm getrennt waren; etwas ländlicher die kleinere, auf der ich ein kleines Haus mit einem Turmzimmer bewohnte; die oft von Einzelnen bewohnten Gebäude gruppierten sich zu Siedlungen, die mehr als nur Dörfer waren; jedem war eine Aufgabe, etwas zu bewahren; viele pflanzten Früchte und Gemüse an, auch Wein gedieh, das Handwerk reduzierte sich nicht auf primitive, selbstbezogene, idealische Werkeleien romantischer Reduktion, die mit vorgeblicher Natur im Einklang stehen müsse, sondern die Betriebe arbeiteten mit modernen Maschinen effizient und planvoll, so daß uns es an Wenigem mangelte; den überwiegenden Teil des Tages gab es Strom. Meine Aufgabe war es, die Verbindung zu dem von uns so genannten Verwaltungszentrum auf der größeren Insel herzustellen, Transporte zu organisieren, auch kulturelle Veranstaltungen in die Wege zu leiten. Ein Hubschrauber brachte mich in die „Hauptstadt", die ein englisches Gepräge hatte, so viele der Straßenschilder, es gab aber auch solche in Französisch und in skandinavischen Sprachen; so zeigte ein Wegweiser nach Reykjavík ohne Entfernungsangabe, ein anderer nach St. Helier, der Hauptstadt der Kanalinsel Jersey; den kopfsteingepflasterten Marktplatz umgaben Läden und Geschäfte allerlei Art, ein Supermarkt, der ein reichhaltiges Angebot offerierte, Waren, die der Vielgestaltigkeit des äußeren Gepräges entsprachen, Gemüse- und Obstläden, eine Apotheke, eine Buchhandlung, natürlich auch eine Bank, denn wir waren kein primitiver, grüner Barbarenstamm, der in den Tauschhandel zurückgefallen war. In der Markthalle war mein Auftrag, Kartoffelknollen in Empfang zu nehmen, da viele Pflanzen auf unseren Feldern von einer Fäulnis befallen waren; durch das Institut, das wir „Bildungszentrum" nannten, schlendernd, traf ich den japanischen Historiker M., mit dem ich schon des öfteren Gespräche über den Daoismus geführt hatte. Er führte aus, wir sollten von uns selbst erfüllt sein, in allen Räumen und Zeiten, denn *der Weg ist raumleer und werde niemals gefüllt*[6], wie immer wir auch ihn zu gebrauchen strebten, und keinen anderen gebe es als unser Hier, und so müßten wir nicht uns auf die Wanderung begeben, denn unser Zuhause sei in diesem Hier überall, der ewige und namenlose Weg.

So mein Tagesausflug auf der Nachbarinsel, wissend, daß unser Eskapismus keinen Grund zur Verzweiflung gibt, auch wenn wir der Welt abhanden gekommen waren.

23.10.2019, 05.03.2019, 09.02.2023, 10.08.2121, 24.09.2022

WOHIN? (Es-Dur)

Es war wieder dieser Ort, der, obschon einsam gelegen, nichts Beunruhigendes barg, ein kleines Städtchen, das mir von den beiden ersten Besuchen durchaus vertraut, der Marktplatz, an dessen einer Ecke ein Kaufladen, der Vielfältiges anbot, Schreibwaren, Haushaltsartikel bis zu Lebensmitteln des täglichen Bedarfs, daneben ein Eiscafé, eine Bäckerei und ein Fischgeschäft, das leckerste Brötchen mit vielfältigstem Belag anbot; gegenüber ein kleiner Park mit mehreren Platanen, ein durchaus lauschiger Ort, der zum Wandeln einlud, so mein Nachsinnen an die früheren Besuche, wiewohl man mir in der Bäckerei freundlich beschied, daß es im weiten Umkreis nur kaum begehbare Wälder gebe, die selbst sie als Einheimische nie durchdrungen hätten; erhöht über den Platz herabsehend natürlich die zweitürmige Kirche, von der wenige schmale, verwinkelte Straßen abführten, gut erhaltene Häuser wohl aus der Gründerzeit oder noch älter, von ihm, leicht ansteigend, die Bahnhofstraße an den Ort, ich muß mich so undeutlich ausdrücken, der in die *Welt hinaus* hätte führen sollen, aber nach wenigen hundert Metern endend die Straße auf einem Wendeplatz für Fahrzeuge, abgeschlossen von einem dichten Wald, in den nur ein schmaler Fußpfad hineinführte. Zum Bahnhof selbst eine lange Treppe, merkwürdige Gegensätze der glänzende Stahlboden, Glaswände wie bei einem Großstadtbahnhof und über das einzige Gleis sich rankende Baumkronen, die den Perron von der Welt abschnitten, wie in einem Tunnel alles in Düsternis hüllend. Der Zug selbst, ein kleiner, roter Dieseltriebwagen, werde verkehren, wenn genügend Fahrgäste anwesend seien, so wurde mir mitgeteilt bei meinem zweiten Besuch in diesem Ort, den ich nur aufgesucht hatte, um eine Italienerin, deren Namen ich nie kannte, die in Litauen arbeiten wollte, in die wohl – auch hier muß ich mich so vage ausdrücken – unweit gelegene Kleinstadt F. zu begleiten. Aus dem Gedächtnis gestrichen mir die Hinfahrt, nur unscharfe Erinnerungen, daß der Zug eine undefinierbare Zeit durch ein Walddach, das wohl die Fortsetzung der Ortsbegrenzung, verkehrt war. Verblaßt auch, warum ich die Italienerin begleiten sollte, die ich während meines Aufenthalts nie gesprochen, sondern nur für mich einige erholsame Tage verbracht hatte, obwohl in dem Ort wenig Bedeutsamkeiten zu entdecken waren, während ich mir sicher, nie nach Litauen gefahren zu sein, aber auch, daß wir im Bahnhof von F. angekommen waren, der gewiß *dessen* Bahnhof war, an den ich schon einige Male, um andere Orte zu erreichen, ausgestiegen war, bis auf die Tatsache, daß die geheimnisvolle Bahn in dessen Untergeschoß endete, obwohl ich auch heute noch weiß, daß es kein derartiges Untergeschoß gibt wie auch keine Stichbahn von F. in jenen Ort führt, trotzdem aber nicht weiter über diese rätselhafte Bahnstrecke nachgrübelte, weil ich *wirklich* in dem Städtchen war und es als angenehme Erinnerung mir eingebrannt war.

Und, etwa zwei Jahre später, also die dritte Reise in jenen Ort, dessen Name mir auch bei diesem Besuch entfallen, eine Flucht war es eher mit einer guten Freundin, wir glaubend, dort, von fast allen Seiten von unzugänglichen Bergen und Wäldern umschlossen, seien wir vorerst sicher vor den immer dreister werdenden Eingriffen in die geistige Freiheit der Rede; zudem ein Bescheid von einer universitären Behörde, ich habe mich dort einzufinden, um Unterrichtsstunden abzuhalten, obwohl ich mich nicht beworben hatte, in einem Ton abgefaßt, der keinen Widerspruch duldete; daß die diesmal blaue Bahn, die nur aus einem einzigen Wagen bestand, F. verlassend, sofort nachdem wir im zweiten Tiefgeschoß eingestiegen waren, in dem keinerlei Hinweis auf das Ziel, als einzige Fahrgäste, stets in einem Tunnel mit, wie ich spürte, beträchtlicher Geschwindigkeit, aber wieder in einer unbestimmbaren Zeit, schließlich das Ziel erreichte. Der Bahnhof hatte sich verändert, die Konstruktionen aus Stahl und Glas waren verschwunden, ein einziges Gleis, um das sich Geröllhalden türmten, ein langer gewundener Gang mit rissigen Wänden aus Blech, der uns auf die im Dämmern liegende Bahnhofsstraße führte. Die Neugier trieb uns das kurze Stück Wegs hinauf, um statt des undurchdringlichen Waldes auf eine Steinmauer zu stoßen, die scheinbar ohne System oder Konstruktion durcheinander gewürfelt, aufgeschichtet, ja aufgetürmt war, weder, soweit es die Lichtverhältnisse gestatteten zu bestimmen, eine Ersteigung noch eine Überwindung erlaubend. Uns in die andere Richtung wendend, das Zentrum des Ortes in absoluter Dunkelheit, eine einsame Laterne neben dem Marktplatz, die nur blaß die Schemen der Häuser und Geschäfte, die mir beinahe heimisch geworden, hervorschatten ließ. Trotzdem Freude, Vertrautes wieder zu betreten, das altmodische Kopfsteinpflaster, da, kurz vor dem Marktplatz, das mußte das in Grün und Gelb getünchte alte Fachwerkhaus sein, da schon das Schaufenster des Gemischtwarenladens, von dem eine Treppe zu einem Fußweg entlang des

Baches führte. In der zweiten Querstraße solle unsere Unterkunft, die wir telephonisch gebucht hatten, liegen. Das Haus, in dessen Fenster ein nur schwach beleuchtetes Schild HOTEL, war geöffnet, niemand an der Rezeption, so wir die Schlüssel 11 und 12 vom Schlüsselbrett nehmend. Nachtens dann am Fenster stehend und über meine angebliche Aufgabe hier grübelnd: Daß der Auftraggeber eine mir völlig unbekannte Universität und deren juristische Fakultät sei, ich doch längst jede Altersgrenze überschritten habe, bei der eine vorgeblich so entscheidende Tätigkeit zumutbar wäre, zudem es mir undenkbar erschien, daß an einem so abgelegenen Ort eine Zweigstelle dieser Institution existieren könnte. Schlaflos durch die Sträßchen wandernd, anstelle der Kirche ein hohes, schmales Gebäude, das fast keine Fenster zu besitzen schien, die mir von den früheren Besuchen wohlbekannten Einfamilienhäuser entlang der Hauptstraße teils verfallen, teils ersetzt durch Lagerhäuser und einzelne Wohnblöcke, hinter denen ähnliche Steinwüstenwälle wie am Ende der Bahnhofsstraße. So leise, um meine Gefährtin nicht zu wecken, zurück ins Hotel, unruhigen Schlafes, in dem ich in einer Universität mich in unendlichen Gängen verlor, doch ein sonniger Morgen mich weckend, und als wir in den Frühstücksraum kamen, ein reichhaltiges Buffet, das geheimnisvolle unsichtbare Kräfte angerichtet, das alles bot und uns gelassen den Tag beginnen ließ. Danach an einem hellen Morgen ein Spaziergang: Nein, ich bin nicht verwirrt oder gar verrückt, es war dies mir altbekannte Ort, den ich zweimal besucht hatte, das blau getünchte Haus, die leicht zum Marktplatz abfallenden Straßen, das Gras auf dem Rund, auch wenn die Platanen gefällt worden sein mochten, die Treppe, die zu dem Bächlein hinabführte, und ich mußte nachts einer Täuschung zum Opfer gefallen sein, die Kirche stand noch da, allerdings nur noch als eintürmige, und die beiden Marienfiguren am Eingang fehlten, Teile des ehemaligen Schaufensters des Lebensmittelgeschäftes waren unverputzte Ziegel, die Reste der Fensterfassade mit der Eingangstür führten in eine Art Boutique, in der Ramschware aushing. Doch, da war noch die Bäckerei. Als ich nach dem Kaufladen und dem Fischladen frug, erntete ich nur Unverständnis, daß solche Geschäfte, und sie arbeiteten schon mehrere Jahre hier, nie existiert hätten. Daß die Straße, in der das Lehrinstitut liegen sollte, nicht existierte, kam mir beinahe wie eine Selbstverständlichkeit vor. Was blieb uns in diesem Ort, der von einer Herrschaft von Steinen eingeschlossen war, auch wenn der Weg am Bache entlang sich weit in die Ferne zu erstrecken schien und das milde Wetter verführte, ihm zu folgen. Schockierend aber, als wir entdeckten, daß unser Hotel verschwunden war, das Äußere des Hauses unverändert, aber verschlossen, kein Schild im Fenster, somit unser Gepäck verloren. Also zum Bahnhof, in den zehn Rolltreppen hinabführten, der Bahnsteig auf einem freiem Feld, über dem ein Himmel in einheitlichem Grau sich spannte, eine Rangierlokomotive, an der ein sicher Jahrzehnte alter Wagon mit Holzsitzen, die sich sofort nach unserem Einstieg, natürlich waren wir wieder die einzigen Fahrgäste, in Bewegung setzte. Und die Bahn fuhr durch den Tunnel und fuhr und fuhr.

14.03.2019, 01.05.2022

TROIS TRAINS (fis-moll)

Als da ein Zug ein einziges Mal keine Verspätung hatte, war ich einmal zufrieden, und so stieg ich halbwegs ausgeglichen ein, war aber schon ein wenig verdutzt, als da nicht die üblichen geordneten Zweier- und Vierersitze, sondern am Beginn des Wagons an den Seiten aufgereiht einzelne Polstersessel, die sich wohl auch drehen ließen, die nicht eng nebeneinander, sondern in einem Abstand von sicher einem halben Meter, auch schien der Wagon breiter und höher als gewöhnlich, am Ende eine mit einem flauschigen Teppich bedeckte Treppe, sieben Stufen, ein breiter Absatz, an dessen Wänden abstrakte Gemälde, interessant, daß die Bahn sich jetzt der Kunst widmet, rückwärtig ein Gang, auf den ersten Blick die zweite Ebene wie ein Doppelstockwagen, der, nur ein flüchtiger Blick, ähnlich eingerichtet war, da eine weitere Treppe, ebenso sieben Stufen, meine Neugier fesselte, daß ich nicht wußte, daß die Bahn jetzt dreigeschossige Wagen baut, ein Raum, der sich noch weiter zu öffnen schien als das, was ich jetzt als Erdgeschoß bezeichnen muß, Ledersessel um Tische gruppiert, auffällig das Fehlen jeglicher Fenster, sondern eine graue Wand mit schwarzen Längsstreifen, gegenüber eine Art Theke wie die Rezeption eines Hotels, die allerdings unbesetzt, leise, seichte Streichermusik im Hintergrund wohl in einer Endlosschleife, tatsächlich auf der ‚Rezeption' eine altmodische Klingel, deren mehrmaliges Drücken kein Ergebnis zeitigte, ein Elternpaar mit zwei Kindern, das ratlos umherirrte, daß man hier wohl Fahrkarten kaufen könne, aber nirgendwo das bekannte Signum der Bahn, kein Aushang eines Fahrplans, keine Anzeige, die die nächsten Fahrten anzeigte, und so ich mich wendend zu einer gepolsterten Tür, beim Öffnen der Gedanke, daß da keine Anzeichen, daß der Zug sich überhaupt in Bewegung gesetzt hatte. Ein sacht gewundener, gegen den Uhrzeigersinn abwärts führender Gang, ungewöhnlich seine Breite, der zu einer weiteren gepolsterten Tür führte, hinter der auf beiden Seiten mehrere Türen, Abteile, so mein Gedanke, aber es waren Türen aus Holz wie in einem Hotel, vorsichtiges Öffnen, vier dunkelrote Sessel aus einem samtenen Material mit Tischen, kleine, dunkle Kommoden, sicher aus einem edlen Material, auf denen Flaschen und Gläser, Fernsehapparate, zwei Computer, Drucke von Expressionisten, ähnlich Luxuriöses auch im zweiten Kabinett, ein auf einem Bett schlafender älterer Mann im dritten, Milchglasscheiben in allen, aber Vorhänge, wohl aus Samt, als sei ich zufällig in einen Luxuswagon aus dem vorvergangenen Jahrhundert gelangt. Die Orientierung hatte ich längst verloren, ob ich mich in Fahrtrichtung bewegt hatte oder umgekehrt, wenn ‚Richtung' überhaupt eine Bedeutung hatte, und ob es eine Beruhigung sein sollte, daß nach einer weiteren Tür, gläsern, die auf Knopfdruck reagierte, wie man es von Eisenbahnen gewohnt ist, ein nächster ähnlicher, aber schmalerer Gang, der sich ein wenig senkte, architektonisch ein Mysterium, der, so mein Gedanke, irgendwann die Schienen berühren müsse, dessen Breite aber wieder etwas Vertrautheit, bis nach der nächsten Polstertür fast etwas wie ein enger Tunnel, Menschen!, Menschen, an denen ich mich mit einer Entschuldigung vorbeiquetschen mußte, seltsam, daß keiner wagte, eine Frage zu stellen, wo wir denn seien, auch dieser Korridor seltsam gekrümmt nach meiner Rechten, dann wieder eine Schwingtüre wie in einem Restaurant oder Hotel, ein großer, beinahe quadratischer Speisesaal, gedeckte Tische, auf denen Kerzen, an denen aber niemand saß, daß die Bahn doch nicht einen exklusiven Eßraum kreiert haben konnte und wie dieser in den Zug eingepaßt hatte werden können! Ich des Irrens müde, egal, wo ich mich befand, mich setzend, eine vielseitige Speisekarte, sicher ein Dutzend Weine, selbst Eisspezialitäten, aber verdunkelt die Theke, hinter der sich die Küche befinden mußte, durch den Raum wandernd, daß da immerhin Fenster, die, wenn sie auch nur Schemen des Außen, wenn es denn ein solches war, tatsächlich einen Bahnsteig zeigten, wenngleich ich nicht entscheiden konnte, ob es derjenige, von dem aus ich den Zug bestiegen hatte, ganz sicher sogar nicht, denn die Menschen, die ich zu erblicken glaubte, waren alle in ihrer Bewegung erstarrt, und als es mir gelang, eines der Fenster in die Kippstellung zu bringen, nicht die Betriebsamkeit eines Großbahnhofs, sondern Stille. So die Speisekarte nehmend, um mir selbst die Wirklichkeit des Ortes zu bestätigen, ich hielt tatsächlich ein Stück Papier in der Hand, und, da die Tür, durch die ich das ‚Restaurant' betreten, die einzige war, kurios, daß ich also am Ende des Zuges angelangt sein mußte, hinaustretend, immerhin wieder der gewundene Korridor, der sich aber jetzt erneut nach rechts krümmte, mir länger erschien als vordem, bis er, als er zur Gerade sich gewandelt, in ein Laufband überging, zu meiner Rechten ein durchgehendes Fenster mit dem verschwommenen Glas und der nämliche imaginäre Bahnsteig mit den eingefrorenen Passanten, und unvermittelt wieder eine Treppe mit sieben Stufen, eine automatisch sich öffnende Tür und der Gang oder ein ähnlicher, von dem die von mir so genannten Abteile abgingen, aber keine Türen aus Holz mehr, sondern Schiebetüren aus Glas, erschöpft die erste aufziehend, auch die Einrichtung umgeformt, geschrumpft der Raum, ein wenig mehr als zwei Meter im Quadrat, eine schwarze Ledercouch mit mehreren Kissen, auf der Gegenseite ein großer Bildschirm, wieder eine kleine Kommode aus echtem Holz, ein Fach einer sogenannten Minibar, reichhaltig mit Alkoholischem gefüllt, ein kleinerer Bildschirm mit einer Tastatur, der ein Menü mit einigen Speisen und Getränken anbot. Ein Glas teuren Rotweins ordernd, das sofort bereitstand, zur Seite das erste klare Fenster dieses Zuges, aus dem ich aus großer Höhe, der dritte Stock?, auf den, wie ich glaubte, echten Bahnsteig meines heimatlichen Bahnhofs blicken konnte, hastig trinkend und nur noch einzuschlafen begehrend.

Noch im Dämmerschlaf wähnend, daß da doch eine Bewegung eingesetzt hatte, Dunkelheit außerhalb, wiewohl ich einen Schimmer des kommenden Tages zu erhaschen glaubte, tatsächlich, vorbeiziehende Lichter wohl des Ausgangsbahnhofs, nach wie vor mein Eindruck, daß mein Abteil weit *über* ihnen vorbeigleite, dann, da ein leichtes hohles Rattern, daß wir wohl die Flußbrücke überqueren, wenig später eine erleuchtete Station, das mußte der Südbahnhof sein, wie zur Bestätigung auf dem großen Bildschirm der Pfeil einer Anzeige, der nach unten wies, beschriftet aber nur der Ausgangspunkt HAUPTBAHNHOF, ein kurzer Halt, zu kurz, als daß Menschen hätten aussteigen können, und der Pfeil wandernd unmerklich nach Nordosten, es mußte eine extrem langsame

Fahrt sein, wenn der Ostbahnhof die nächste Station sein sollte; tatsächlich ein leichtes Quietschen, ein Stillstand auch des Anzeigepfeils, aber daß der Tag sich auch nicht durchsetzen konnte, um mehr zu erspähen, Schweigen in der Dunkelheit, und ein Wechsel der Fahrtrichtung, die Anzeige direkt westwärts, plötzliche Beschleunigung, ein Tunnel, wir mußten auf die Gleise der U-Bahn gewechselt sein, die wohl an der Endstation an die Oberfläche geführt worden, in rascher Folge die Lichter der Stationen, die mir bekannt, die Hauptwache, unmöglich, wie der Zug von der Höhe wie der Breite mit seinen baulichen Absonderlichkeiten die engen Tunnelpassagen durchqueren konnte!, und wieder kaum merklich die Fahrt, dann jetzt wieder an der Oberfläche, daß der Tagesanbruch sich angehalten haben müsse, immer wieder mein Erstaunen, in einem gänzlich dunklen Grau schemend der Himmel, es muß die Station I. sein, und wieder Bewegungslosigkeit und ein neuer Richtungswechsel, nicht mehr in den Tunnel, es müssen die vormaligen Gleise der Straßenbahn sein, mein Wissen, daß an dieser Station ein Wechsel möglich ist, abrupte Beschleunigung, der Pfeil nur noch zuckend, die Einblendung PLEASE FASTEN YOUR SEATBELTS, rasende Fahrt, erkennend die Häuser des Stadtteils B., dann durch die Innenstadt, das Ostend, daß der Zug von den Schienen fallen müsse, so meine Panik, wenige Sekunden, so erschien es, und wieder der Ostbahnhof, man, wer auch immer, hatte auch die Gleise der Straßenbahn mit denen der Fernbahn verbunden, dann wieder ruhiger die Fahrt und die Anzeige genau nach Ost, daß es die nordmainische Strecke sein müsse, etwa zwanzig Minuten zur Kreisstadt H., mein Wissen, jetzt doch Wälder neben der Strecke faßbar, aber wir beinahe an ihren Wipfeln vorbeifuhren, wiewohl nicht die Bahnhöfe der kleinen Orte, wie ich sie kannte, und daß mir schon wieder die Zeit verloren ging, meine Armbanduhr stehengeblieben, stockend der Richtungspfeil, immer ostwärts aber, so daß ich mir einen Kaffee bestellte, eine Zeitdehnung, so mein Sinnen, weil die Dämmerung nicht so lange andauern könne, ebenso wenig die Fahrt nach H. zwei Tassen Kaffee beanspruchen, und eine erneute Beschleunigung, als der nicht so unbedeutende Bahnhof von H. vorbeihuschte, alles gegen die Regeln, da Bahnhöfe stets mit verringerter Geschwindigkeit passiert werden, und der Pfeil sich abrupt wendend nach Süden, ich etwas die Orientierung verlierend, da mir der Linienplan entfallen, trotzdem, ich bliebe lieber sitzen, um mich nicht in den Wirrungen der Wagons zu verlieren, beinahe apathisch nahm ich einen neuen Richtungswechsel nach Südwest hin, mir eine Nudelsuppe mit Fleisch bestellend, ab und an vereinzelte Häuser wie Nebelobjekte vorbeiziehend, und ein Schwenk nach Norden, als wenig später, grell von einem Scheinwerfer angestrahlt, das vertraute Signum der S-Bahn, daß es die Linie 1 sein könnte, meine Vermutung, meine Hoffnung, uns wieder dem Heimatbahnhof zu nähern, obwohl das Gewirr der Linien mutiert zu einem abstrakten Muster, und ich erhob mich, trat auf den Gang, da war nicht mehr die sich automatisch öffnende Tür, eine Abschlußwand, durch die ich auf die Gleise hinter uns blicken konnte, also mein Wagon zum zweiten Mal der letzte oder daß man die anderen abgekoppelt. Zurück in die scheinbare Sicherheit des Abteils, aus der Bar eine Flasche Wodka nehmend, da, ein größerer Bahnhof, vielleicht der

Nachbarstadt O., ein nicht enden wollender Tunnel, daß der Tunnel jetzt schon beginnt?, und ein erneuter Schwenk, die Linie torkelnd, krümmend in Schlangenlinien nach Süden, der ganze Zug wankend, mein Wissen, daß es da keinen Abzweig nach Süden gibt, gegen alle meine Kenntnis der Örtlichkeit eine erneute Zeitdehnung in diesem Tunnel, und dann plötzlich, als habe man den Tag übersprungen, in einer schon tiefstehenden Sonne wieder der Südbahnhof. Ein Bediensteter öffnete die Tür, prüfte meine Fahrkarte, sich entschuldigend, daß es aufgrund von Baustellen zu Verzögerungen im Betriebsablauf gekommen sei und die Bahn als Entschädigung zwei Freigetränke gewähre; ein Ein- und Ausstieg sei aber hier nicht möglich, ebenso könne der nächste planmäßige Halt in H. nicht eingehalten werden. Aber ich schien wieder in der Wirklichkeit angekommen, möglicherweise war alles, was ich niederschrieb, Folge meiner überreizten Nerven und Schlaflosigkeit: Die Umgebung kam mir vertraut vor, da war jetzt wirklich der Hauptbahnhof von O., nach wenigen Minuten durchfuhren wir zum zweiten Mal H. wieder ohne Halt. Die Anzeigen der surrealen Pfeile waren gelöscht, in einer Linie war die Strecke vom Haupt- zum Südbahnhof nach H. dargestellt mit allen Beschriftungen, und wie zu erwarten, bewegte sich der Zeiger nach Nordosten über das kleine Städtchen N., von dort nach F. in der Nähe meines Ziels der Schule, wo ich unterrichtete, kaum daß mich in Unruhe versetzte, daß wir noch nach Süden abzweigten in die Kurstadt V., nachdem es mittlerweile dunkelte, um dann die eingleisige Strecke, die doch erneut nach N. führte, einzuschlagen, ja, gerade noch im Halblicht zu erkennen, das Bahnhofsschild, also daß im Kreis

gefahren worden war, allerdings von da weiter über eine Strecke, von der ich nicht wußte, daß sie überhaupt existierte, die an F. vorbei führte nach Nordwest,
 als, schlagartig war die Nacht eingebrochen, das gesamte sogenannte Stockwerk sich absenkte, deutlich hörbar ein mechanisches Quietschen, die Sitze, das gesamte luxuriöse Interieur des Wagens zu verfallen begannen, schrumpfende Armlehnen, der Boden, billige, rauhe Abstreifware, von Staub und Schmutz bedeckt, rote Plastiksitze, stockender die bislang fast lautlos gleitende Fahrt, jedes Passieren einer Weiche oder Unebenheit ein Rattern und Rumpeln, wie man es kannte von Zügen vor vielen Jahren, und ich allein in diesem veränderten Zug, keine Sinnestäuschung, sondern ein direkter, beobachtbarer Prozeß, daß im hintersten Winkel zwei Holzsitze sich erzeugten, als ob die Zeit in rasender Schnelle um Jahrzehnte zurücklief, jetzt aber Bekanntes, das draußen vorbeizog, kleine Orte zwei Stationen vor der Kreisstadt, von der unweit meine Arbeitsstelle an der Schule, verwirrend aber, daß wir uns ihr von Norden her näherten, auch da war wohl in aller Kürze eine neue Strecke von N. zu den abgelegenen Orten errichtet worden, zudem eine nicht elektrifizierte Nebenstrecke, nicht festzustellen, ob auch die Antriebsart auf Diesel oder gar eine Dampflok umgestellt, das Schnauben und Schnaufen und Pfeifen einer Dampflok würde mir auffallen, aber verlangsamend die Fahrt, ich muß den Anschlußzug um 7.42 erreichen, so der in mir wühlende Gedanke, und schließlich ein Halt, von irgendwo her eine Ansage ENDSTATION, BITTE AUSSTEIGEN. An mir herabschauend, daß sich meine Kleidung wie der Wagon aufzulösen begann, Knöpfe, die am Hemd fehlten,

ein löchriger Pullover, Schuhe zwar noch, aber keine Hose und Unterwäsche, wenigstens der Pullover in Übergröße, den ich halbwegs über die Blöße ziehen konnte, steile Stufen hinaustolpernd, daß ich beinahe gefallen, Regen, naßkalter Regen, irgendwo auf freier Strecke und nicht der Bahnhof der Kreisstadt, Felder, ein aufgeweichter Weg, über die Nacktheit hinaus ein Gefühl der Leere um den Unterleib, blonde Haare, die vor das Gesicht auf die Brust klatschten, daß ich meines Gliedes verlustig geworden, aber mich bewegen müssend, den Zug um 7.42 erreichen müssend, irgendwo vor mir Gebäude, ein Reflex, nach unten zu greifen, daß die Öffnung, die ich ertastete, eine Vulva sein müsse, wieder ein Reflex, den Pullover herunterziehen, rennen, obwohl die Sinnlosigkeit dieses Unterfangens, dann auch das Schwanken und Wackeln meines Busens, wenn ich wenigstens einen Büstenhalter trüge!, nicht wagen, das mir nicht Gehörige überhaupt zu umfassen, es muß eine opulente Büste sein, jetzt nahe bei einer Halle oder einem Lager, dessen breite Türen geöffnet, Menschen, Arbeiter, die ihrer Tätigkeit nachgingen, Kisten schleppend, mich kaum würdigend trotz meines abgerissenen Aufzuges, mein Stottern, daß ich beraubt worden sei von einem Fremden, sie sähen, ich halbnackt, ob sie mir eine Hose leihen könnten, ein Älterer, ob ich nicht zur Polizei, ich kaum etwas hervorbringend, aber ich möge warten, er, Freundlichkeit und Mitleid sich mischend in seiner Miene, habe sicher noch eine alte Arbeitshose, zurückkommend mit einer blauen Latzhose, ob ich nicht doch zur Polizei, nein, ich müsse zum Zug, das sei doch die Richtung nach F.?, die Haare klebend mir am Leib, immer wieder sie über die Schulter werfend, wenn ich doch nicht so lange Haare hätte!, weiter hetzend, daß sie mich sicher für verrückt erachteten, vielleicht die Polizei rufen, und die Hose mir zu weit, der Knopf des Trägers abgerissen, so daß sie mir über die Knie hinab rutschte, und plötzlich ein Ziehen da unten, daß da etwas zu rinnen begann, mich auf den nassen Boden werfend, ich blute, verströme, die Hilflosigkeit eines Mannes, verzweifelt aus meinem Rucksack Blätter aus meinem Notizheft reißend und sie in die Öffnung des Unheils hineinstopfend, Blut, meine Hände blutig, die wahnwitzig herumtasten, als da schwillt noch etwas anderes aus mir, schreiend, weinend, wenn das Frausein heißt, daß alle Flüssigkeiten mischen sich unheilbar durcheinander!, unfern schon die ersten Wohnhäuser, wenn jemand mein Wimmern hörte!, wozu überhaupt weiterhasten nach dem Zug um 7.42, als wer erschiene ich schon an der Schule, auch wenn ich alle Schüler und deren Noten aufsagen könnte, ein Fall für die Psychiatrie ich, wer würde mir schon eine plötzliche Geschlechtsoperation glauben?, doch, da war der Ausweis mit meiner alten Identität, ich wußte nicht mehr, was ich tat, schlagend mit den Händen in den nassen Boden, in mir bohrend und reißend in dem Wahn, Glück in diesem falschen Körper erleben zu können, nur noch blutiger bis zum Nabel hinauf, alles gefühllos, wozu diese beschmierte Hose, und ich renne und renne und geradeaus immer weiter in das Unbekannte.

01.06.2022, 16.04.2022, 01.10.2022

IM KELLER (c-moll)

Es war mir, als ob ich aus einem Traum erwachte, in dem ich durch dunkle Keller geflohen war, stets verfolgt von ehemaligen Kollegen meiner Schule, weil ich Verhältnisse mit Minderjährigen in Wort und Tat verteidigt, Haß und Hetze gegen Andersdenkende verbreitet, bei abzunehmenden Prüfungen Betrug betrieben, indem ich den Schülern die Fragestellungen verraten hätte. Ich rannte durch einen leicht gekrümmten Gang, in regelmäßigen Abständen Verzweigungen, von denen ich Angst hatte, daß es Seitengänge seien, die in Sackgassen führen möchten, deshalb immer weiter geradeaus, obwohl es mir schien, daß der Gang zunehmendere Biegungen machte, aber immer weiter, da ich sicher, daß mir klackende Schritte folgten, während unhörbar die leisen Sohlen meiner Laufschuhe, bis daß plötzlich ein Zweiweg, keine Zeit der Überlegung, daß ich den rechten nahm, das Rechte, das von *richtig* sich ableitet, der nach kurzem in immer engere Windungen sich verlor, abwärts sich neigte, immer steiler das Gefälle, immer größer der Winkel seiner Krümmung, immer dichter auch die Wände an mich heranrückend, daß ich über die eigenen Füße stolperte und fiel, daß

ich also glaubte zu erwachen, in einem großen Raum, der, so mein erster Blick, kaum möbliert, in einem diffusen Zwielicht, einzelne Leuchtdioden an der Decke, Stille, keine Uhren, keine Fenster, nichts, woran ich mich orientieren konnte, auf einer Liege, die in einem schrägen Winkel an einer Wand befestigt, im Dämmer Bildschirme in Augenhöhe reihum, einer, der eingeschaltet nur wenige Sekunden, doch ich erkennend mich auf einem Lehrerpult stehend als Standbild, und dann wieder Schemen und Stille und daß, das Licht noch mehr verschwimmend, meine Füße wohl gefesselt waren, meine Beine weit gespreizt, frei die Hände, die, als sie meinen Oberkörper abtasten konnten, etwas wie Brüste erfühlten, große Erhebungen, Haare, die ich über sie werfen konnte, daß ich wohl eine Frau geworden, nicht einmal ein Schock, beinahe unbeteiligt nach unten fahren, daß da nichts mehr baumelte, die beinahe erwartete Öffnung, in die ich leicht einen Finger einführen konnte, völlig emotionslos den neuen Zustand hinnehmend, ohne das neue Sein zu erforschen. Aber dann ein weiterer Bildschirm, wie mir die Schülerin K., wohl auf einem Schulfest, um den Hals fällt, auch dies nur eine Szene des Augenblicks, und auf einem anderen der Kollege H., also daß ich wahrscheinlich im Keller meiner ehemaligen Schule gefangen war, der wie ein Ankläger zeterte, daß dieses verkommene Individuum schuldig sei, bei der Behandlung von Goethes *Faust* offen im Unterricht bekannt zu haben, sich vorstellen zu können, Verhältnisse mit Minderjährigen zu haben, ein klares Geständnis seiner abnormen Neigungen, und er als Richter fälle hiermit ein rechtskräftiges Urteil: Ein verbotener und perverser Kuß müsse mit einem ebenso abartigen beantwortet werden.

Aus dem Dunkel kam eine Gestalt in einem weißglänzenden Lackanzug mit einer spitzen, ebenso weißen Kapuze auf mich zu, etwas, das wie eine Zunge aussah, aber einen metallischen Schimmer hatte, schob sich aus einem mundähnlichen Gebilde heraus, umrundete meine Schamlippen, schwenkte zwischen linkem und rechtem Rand, ein heißer Feuerstab, der sich immer wieder in mich bohrte, daß ich dachte, ich fiele brennend auseinander, und holte, ohne die Hände zur Hilfe zu nehmen, meine Klitoris hervor, als wolle er mich auffressen, ankerte sie zwischen seinen brennenden Zähnen, dann harte Bisse, ich glaubte, sie verlöre sich zerkleinert in seinem Schlund und rotierte rasend minutenlang in mir. Ich wollte meinem Mund verbieten, sich zu öffnen, aber er löste sich von meinem Willen, ließ die Nasenflügel beben, ein mir fremdes Organ stieß OOOH und AAAH aus, ich schämte mich, und der Weiße so schnell entschwindend, wie er aufgetaucht war.

Und ein weiterer Bildschirm, ganz am rechten Rand, wieder ein festgefrorenes Bild, auf dem ich einer einzelnen Schülerin gegenüber stand und Blätter vor sie legte, unvermittelt eine Überblendung, in der die Schülerin, ich konnte mich noch gut an diese Prüfungssituation erinnern, erzählte, daß die Wandlung von Lenz zum Atheisten auf Seite einundzwanzig sich vollzogen habe, und sofort wurde zu einem anderen Schirm umgeschaltet, auf dem die Anklägerin, eine Frau P., mit kreischender Stimme meine Niederträchtigkeit geißelte, daß niemand eine Seitenangabe zitieren könne, wenn diese ihm nicht von einem anderen, der nur ich gewesen sein konnte, als der zu prüfende Text offenbart worden wäre, und in immer schnellerem Rhythmus lösten sich die Schülerin mit den Worten *Seite einundzwanzig* und ihre und meine Anklägerin mit einem immer schrilleren *Verrat* einander ab. Da ich mein Verbrechen an einer Frau ausgeübt habe, diese meine Komplizin sei, müsse ich als Stellvertreter, da jene verkommene Person nicht greifbar sei, die Leiden einer Frau erfahren, aber auf diese Weise, daß ich die Schmerzen erlitte, wie sie auch einem

Mann zukommen würden. Und wieder näherte sich dieses weiße Wesen, dessen Geschlecht mir unkennbar war: Es setzte ein Eisenstück wie einen Penis in mich, verankerte es in meiner Vagina, schloß das Gerät an eine Steckdose an, so daß es sich kreisend in mich bohrte, immer rasender die Drehungen, die Reibung so glühend, als wolle es sich zur Gebärmutter hindurchbrennen, daß diese schmelzen oder herausfallen mußte. Es hatte einen Dildo umgebunden, den er mir zum Rektum führte, nicht einmal besonders fett er, aber anstatt ihn einfach einzuführen, mich an den Hüften packend, meine Schenkel zur Waagrechten aufreißend, meinen Unterleib fast zur Senkrechten hochdrückend und mich auf ihn nagelnd, unausweichlich sein Schraubstock mir, mich kurz freilassend und mich wieder fest in ihn hineinklopfend, rasend beschleunigend, mehrmals vollziehend diesen Akt des Hineinschlagens mit brutalster Kraft, er der eigentlich mich Koitierende, und ich preßte meine Hände auf die Oberschenkel, daß es schmerzte, dann zwei Finger auf jenen ominösen Punkt da hinten, der angeblich alles verhindern solle, das Gegenteil erreichend, und vorne er lösend das Eisen aus der Steckdose, nahm es in Krallen aus Eisen, hackend es mit einem Hammer, der heiß wurde, heißer, noch tiefer in meine Höhle, Brandungen, Feuerwellen, dieses zweite Ding sich glühend die Wirbelsäule hinauf, dann verschüttend siedendes Sperma auf Schamhügel und Brüste, wie es stank!, daß ich zu verbrennen glaubte, und ich verlor das Bewußtsein.

Als ich wieder erwachte, standen neben mir ein Glas Wasser und eine Tasse Kaffee und ein Brötchen mit Schinken und Salat. Ich schlang alles hastig in mich; meinen Körper abtastend, ekelte ich mich vor den verkrusteten Flecken Spermas, die auch an meinen Lippen klebten, zwischen meinen Schenkeln tropfte noch etwas, was ich vielleicht selbst ergossen hatte, aber mir fehlte jegliches Verlangen, diesen Körper zu erkunden, ob ich ihn als Mann begehrt, attraktiv gefunden hätte, lange Haare bis zu meinem Busen, deren Farbe festzustellen aber unmöglich, vermutend, daß ich in dieser Gestalt nicht älter als vierzig sein möchte, sicher nur, daß er bar des Schamhaars, das jemand sorgfältig geschnitten haben mußte, Scheu aber vor der geringsten Berührung, denn wenn dies Wirklichkeit wäre, würde er inskünftig meiner sein, ob ich diesem Keller entkäme oder nicht, wirres Sinnieren, als ich meinen durchaus opulenten Busen zu meinem Mund führte, daß die Knospe sofort aufblühte, aber gleich wieder loslassend, dieser unerträgliche Gestank, den der weiße Fremde hinterlassen. Wenn es nicht so still wäre, ob sie mich vergessen hatten? Da schalteten sich drei Bildschirme gleichzeitig an, drei verzerrte Fratzen der Ankläger kreischten durcheinander, in vielen meiner Texte tauchten verbotene Wörter, die Minderheiten herabsetzten, auf, andere würden Worte von Dr. Goebbels zitieren, ob wir die totale Dummheit, ob wir sie totaler und radikaler und dümmer wollten; wieder andere verunglimpften die Sprache unserer ausländischen Mitbürger als Vermüllung unserer Ausdrucksfähigkeiten, deren Arbeiten ich schlechter benote als die der anderen, meine abgedruckten Gedichte suhlten sich in pornographischen und menschenverachtenden Tiraden, in denen es von Körperöffnungen und Fäkalien nur so wimmele, so daß es nur die Strafe gebe, dies am eigenen Leib, ungeachtet seines Aussehens, zu erleiden.

Man zog eine Halbkugel über mich, deren höchste Wölbung etwas mehr als einen halben Meter vom Boden durchmaß, in der drei Öffnungen, aus denen erregte Geschlechter lauerten, neben ihnen weitere, aus denen Hände heraushingen, angeordnet in gleichen Abständen, etwa Nordwest, Nord und Nordost, so daß die erstere und letztere etwa dreißig Zentimeter über meinem Kopf drohten. In der Mitte der größere nördliche Durchbruch, in dem, mit dem Gesäß nach vorne, der Unterleib eines wild behaarten Weibes. Ihr Saft schmatzte, als sie sich in mich drückte, um sofort den Bewegungen ihrer Natur zu gehorchen, grauenhaft, wie sie sich drehend um mein Gesicht herumwälzte, unfähig ich, sie abzuwehren, sie zurückzudrängen in die Höhlung, wie sehr ich auch suchte meine Zunge und Hände zu bohren in ihre Klaffung, während Nordwest, der sich wohl nicht bezähmen konnte, in einem harten Duschstrahl von oben herab mehrere Streifen in meinen Bauch einbrannte, gleichzeitig stumpfes Haar stopfend sich in mich, ein trüber Teich, in dem ich gezwungen zu stochern, ein modriger, schwammiger Pilz, in dem ich zu ersticken glaubte, ausgeleierte Lappen, die sogar sich in meine Nase drückten, aus denen Rinnsale schmierigen Sirups sich entluden, während ein neuer Nordwest sich aus dem Loch schob, rasend seine Hand um seinen Appendix, der müsse doch abreißen!, Nordosts Waffe zappelnd wie im Delirium, einschmierend die Haut um meinen Nabel, kleckernd wahllos, aber nicht höher treffend als bis zu meinem Kinn, als, nachdem das Hurenweib sich zurückgezogen, aus dem Nordloch ein gigantisches Gemächt, das nicht natürlichen Ursprungs sein konnte, in Zeitlupe herauskroch, während das

Kopfteil der Liege gehoben wurde und mich ihm entgegenschob, bestialisch sein Gestank, unentrinnbar ich über es gestülpt, Zentimeter für Zentimeter dringend es in meinen Gaumen, daß meine Mundhöhle zerbersten müsse!, und daß mir jetzt jener Film durch die Gedanken schoß, daß es für Linda eine Bagatelle, ein Kinderspiel gewesen sein mußte, krampfhaft ich durch die Nase hechelnd, als sein Schleimsturm losbrach, ein spermatischer Orkan, der mich gänzlich überschwemmte, so sehr ich auch schluckte, ich würde ertrinken oder ersticken, beißend in letzter Kraftanstrengung hinein in das Gerät, das wie Stahl, das sich wie ein Wunder löste, doch kreisend, torkelnd weiter um mein Gesicht, immer noch ausschüttend seinen Seim, es mußte eine Maschine sein, und zurückfallend das Kopfteil, die gesamte Liege krachend auf den Boden, alle Bildschirme erlöschend, völlige Dunkelheit, das Bewußtsein verlierend.

Erwachend, saß ich auf einem Holzstuhl, der Raum schien seine Größe nicht verändert zu haben, aber an den Wänden Stahlregale, in denen Aktenordner, Maschinenteile, Kisten aus Blech, einige schmutzige Fenster ließen etwas Licht, sogar Fragmente einer Sonne herein, nirgendwo die Bildschirme, und ich war bekleidet mit einem schwarzen Stufenrock, einem blauen Pullover mit unregelmäßigen, bunten Karomustern, ich trug auch Unterwäsche und, den Pullover hebend, bemerkte ich einen Büstenhalter, blau gepunktet, mein Haar war ein helles Rot, beinahe orange, man schien mich gewaschen zu haben, nirgendwo Rückstände meiner Schändung, auf einem Tisch wie ehedem Wasser, Kaffee, ein Schinkenbrot, dazu ein großes Glas Grappa, wie deliziös es mundete!, ja, es war eine gewisse Leichtigkeit in mir, daß ich diesen adretten Körper liebgewinnen könnte, ich konnte aufstehen, bequeme Sportschuhe an meinen Füßen, und es war wohl wirklich der Keller meiner Schule, als ich die Aktenordner betrachtete, ein kleiner Rucksack neben dem Stuhl, Desinteresse, ihn zu untersuchen, zur Rechten eine Stahltüre, die sich leicht öffnen ließ, drei Treppen mit je elf Stufen, eine Glastür und ich trat in eine milde Sonne.

15.06.2021, 26.12.2021

VERBINDUNG (h-moll)

Daß wir immer höher steigen an diesem hellsten, strahlendsten Sonnentag, Hand in Hand, den sanft sich aufwärts windenden Pfad durchs Gebirg, und daß es heute anders ist als vordem, daß du so entspannt, wie ich dich nicht in Erinnerung habe, natürlich wohl die beidseitige Verlegenheit, trotz des Altersunterschieds solche Intimitäten zuzulassen, aber Freude meinerseits, daß da auch ein Lächeln, endlich gelöster dein Mund, die Oberlippe gerade, ich also sicher sein kann, daß ich dich nicht ungelegen zu diesem Spaziergangs gebeten, sicher auch, daß heute noch mehr anders ist, weil sich neckische Haare frech zu den Augenbrauen drehen, endlich nicht mehr gehalten durch lächerliche Haarklammern, die dir ein strenges Aussehen gaben, vernarrt ich heute in diese Frisur, die seitlichen, ungebundenen, hellblonden Fransen neben dem streng gebürsteten Mittelscheitel, daß ich dich fragen werde, ob dieser Schnitt einen Namen habe. Gleichwohl erstaunt mich schon dein wagemutiges Äußeres, das für eine Gebirgswanderung doch etwas kühn, wiewohl die Hitze heute es mir verständlich macht, dein Oberteil kurze Ärmel, Batikstil, blutrot, verwaschene Flecken, die in der Mitte einrahmen ein schwarzes Band, rund der Ausschnitt, ein weißer, recht kurzer Rock mit Bändern, Schleifchen am Bund, aber schon irritierend deine Überkniestrümpfe, siebenmal bedruckt mit dem Wort BITCH, dieser lächerliche Aufdruck BITCH, du weißt, ich weiß es, daß du keine Hure bist, sondern eine unsichere junge Frau, ich vergaß die klobigen Schuhe, die wirken, als könnten sie zutreten, und heute zum ersten Mal, anders als bei unseren zwei früheren Begegnungen, ein Stück Natürlichkeit in Auge und Mund, hell und wach kannst du mich anblicken, beinahe etwas zu ernst, aber verzirzt ich von deinem Aussehen, wie schön die Schattenspiele auf dem Roten und Schwarzen, deine linke Körperhälfte leuchtet, herab sich fressend schwärmt die Helle aus über den Rock, Glanz auf dem roten Pullover, senkrechte Streifen auf einem Rechteck am Brustbein, Abglanz der Sonne, der wir entgegensteigen auf unserem Weg, dem hohe Wände entgegentreten, roher Stein, von Moos und Flechten überzogen, zum Himmel. Doch, ich bin sicher, auch du spürst, daß uns an diesem Tag etwas Außerordentliches gelingen werde, und ich küsse dein linkes Ohr für den Hauch einer Zeit, daß es dich schwindle und ich dich enger halten solle, meinen Arm um dich, zumal der Weg enger werde, eine kleine Rast vor dem Gipfel, dort ein glattes sandiges Fleckchen, auf das du dich setzt, das linke Bein eingeschlagen unter dem anderen hindurch, unser ratloses Anschauen einander, gleichwohl, in dir nicht das Verkrampfte und Hölzerne, das beim letzten Treffen jede deiner Bewegungen begleitete, etwas Trauer in deinen Augen, wie deine Zunge versucht auszubrechen, als wolle sie gleich um die Lippe fahren oder etwas Entscheidendes sagen, daß da höchste Spannung, weil wir dabei sind, etwas Ungewöhnliches zu wagen, ein Blitz von einem Sonnenfunken in deinem rechten Auge, es sei auch in dieser Höhe etwas heiß, du müssest deines Slips ledig werden, ihn in dein Täschchen stopfend, ein wenig ruhen wollest du, indem du dich hinlegst, den Rock glattstreichend, wiewohl er aber nicht mehr dein Geschlecht verhüllen kann, die Arme an der Seite aufstützend. Diese Neugier aus deinen Augen, deine Augen heute so lebendig, wechselnd in ihren vielfältigen Ausdrucksformen, daß ich heute von deinen Augen bezaubert werde, wiewohl sie etwas Lauerndes haben, ich mich durchdrungen und durchdrängt von ihnen fühle, ganz zugebissen dein Mund, daß ich dich noch nie so ernst gesehen hatte, eine andere Ernsthaftigkeit als die gehemmte Unsicherheit, mit der du früher deine Lippen einfrorst, und wir ruhen eine Weile still. »Auf zum Gipfel« rufend plötzlich du, und wir fassen uns wieder züchtig an den Händen, eine kurze Strecke zur nächsten Kurve, aber nach ihr der Weg, rechterhand neben uns eine fast senkrechte steile Wand, auf einmal abbrechend und vor uns der Abgrund. Da drückst du mich heftig gegen den Felsen, vielleicht ein Reflex, daß du mir die Hose aufreißt, daß du einfach am Glied mich greifst und es in dich führst, dein Flüstern »nur so kannst du mich halten«, daß du mich ruhig einfach aufnähmest, als verschraubten sich ein aufgerichteter Stamm und eine weiche Tasche, ein rein physiologischer Prozeß, dessen Fortgang ich kaum registriere, fast gefühllos, als ob das Glied, nicht mehr Teil von mir, zwischen zwei Klammern verschwunden, aber wir in eins geführt, und kein Aufschrei oder Stöhnen deinerseits, ein Seufzer der Erleichterung »jetzt werden wir nicht fallen«, als die Wand hinter uns zurückweicht, sich langsam senkt und, wenn unsere Arme sich um die Nacken schlingen, unser erster Kuß, verschlingend sich vollständig Münder und Lippen, wir auf dreifache Weise verklammert, zu Boden sinken.

Und wir erwachten, hingestreckt in Seitenlage auf einer Wiese, wie verwandelt dein Gesicht, von unten herauf fragend die Augen, die Stirn in Runzeln, nie hatte ich dich vordem so gesehen, als du dieses rote Hemd, das mich wegen seiner überall hingestreuten Flecken anzieht, über die Brust ausziehst, die ich nicht wage, anzutasten, da ich weiß, daß dies jetzt die Wirklichkeit, nicht weiß, was du jetzt von mir erwartest, daß ich etwa sage, du habest einen schönen Busen, Plattitüden von mir gebe, und daß ich ganz in dich eingegangen wäre, ohne daß wir die gewöhnlichen Bewegungen der Kohabitation vollzögen, zwei Statuen, die einer unbedingt festhalten sollte mit rohen Skizzen oder einem Photo, und daß ich nur ein leichtes Fließen um meine Schwellung fühlte, wie es brodelte und kochte in mir, daß ich aber nicht in der Lage wäre, diese banalen Bewegungen zu vollziehen, da du auch nicht zurückschwängest, um mich weiter aufzureizen, ganz stillhieltest, als wüßtest du nicht, was die Natur dem Menschen eingibt in solchen Vereinigungen, obschon Tropfen deiner Wände mich umflössen, aber kein Sturm losbräche in mir und auch unmöglich ein Vor oder Zurück, daß wir beide festgefügt, daß wir liegenblieben, überlegend, wo ich dich anfaßte, um eine Bewegung in Gang zu setzen, festzuhalten erst am Gesäß, dann an den Hüften, daß dieser Reiz dich ein wenig zurückschieben ließe, ich aber ganz von dir umkrallt, unmöglich ein Vor oder Zurück, wir beide Gefangene unseres unerwarteten, nie erlebten Einsseins, mein Anschwellen, das mich noch dichter mit dir verschweißte, so daß ich nicht mehr entfliehen könnte, unklar, ob es herrlich und erträumenswert, daß wir miteinander verklebt, daß ich von dir unentrinnbar verschluckt, du unabwendbar von mir bewohnt, daß wir unumgänglich Teil voneinander, die Kohabitation werdend wörtlich und real und notwendig, daß wir also zusammen wohnten nun, auch keine Erlösung durch den Erguß, der die Härte wieder schmelzen ließe, daß ich in dir bliebe, indem ich meinen Anhang in dir verlöre, du zu mir würdest, indem du durch mich für immer gefesselt, ein Satz eines Alten durchziehend meine Gedanken, daß *sie, die engst schon verbunden mit ihm, noch dichter verknüpfen / Möchte mit engeren Banden sich liebend fesseln dem Bruder,* unsere Häute miteinander sich verbänden zu einem dicken, unlösbaren Klumpen, die Auflösung unserer Geschlechter, lapidar deine Feststellung, daß ich wie eine Geburt, die steckenbleibe in ihr, und als wir, die wir auf dem flachen Gipfel des Berges lagen, in die glänzende Abendsonne hinausschauten und ich uns aufrichtete, ohne daß wir auseinanderglitten, unser Sinnen, daß, auch wenn es kitschig sei, dieser Sonnenuntergang der Beginn unserer ersten und letzten gemeinsamen Nacht sei.

Zitat aus Ovid, *Metamorphosen* IX 549
14.09.2004 / 27.06.2011

ERGRIFFEN (fis-moll)

Immer wieder zurückgeworfen, hingezogen zu diesem Bild, genauer der Serie von Bildern, die *perfecto* oder *alluring* genannt wurden, denn verlockend, verführerisch diese Frau, die in glänzender hellroter Unterwäsche vor ihrem Spiegelbild verharrt, ihre Posen der Verführung auf vielfältigste Weise verändernd, *gänzlich bezaubert vom Bilde der eignen gesehenen Schönheit*, so daß jedem sofort in den Sinn jene alte Geschichte des Verlierens in sich selbst, so schon Vorsicht, daß ein Herz nicht in Liebe entbrennte zu ihr, daß es nicht in die Falle tappen dürfe, zu begehren, bei ihr sein zu wollen. Einmal war es aber, als beider Hände sich auf diesem Spiegel gänzlich überlappten, *daß nicht nach dem flüchtigen Bilde vergeblich sie griffen*, daß sie die Haut der anderen wirklich erfaßten, schmachtend, so muß ich es beschreiben, das Lächeln des Bildes, und daß, ohne daß die Größe der Darstellung verändert, die sich liebkosenden Hände wachsend bis zu ihrer wirklichen Natur, man in einen Wirbel gesogen, gezogen wurde,

und dann in diesem kleinen Raum sein, dessen wie vorher nur ein Ausschnitt sichtbar, ganz sicher, denn sonst hätten an einem einsamen Bildschirm beide betrachtet werden können, während ihm jetzt nur *ihr* Bild gegenüber, da man sich selbst nicht sehen kann, aber der Blickwinkel ihm des Wirklichen, wie er meint, in dem er von einer betört, bestrickt, und ganz gewiß, denn ab und an fügt sich noch etwas Empirisches in den Zeiten der Künstlichkeit, das Gefühl des Körpers, das kein Traum sein kann, das Gewicht der langen Haare und der Brüste, daß der Betrachter auch etwas fröstelt, denn seine

Kleidung, unverändert zur vormaligen Betrachtung, nur diese glanzrote Unterwäsche, ein Frauenduft, und ebenso sicher, daß also jemand, ob sie oder die unerreichbare Kraft, die hinter allen unerklärbaren Veränderungen steht, Freimaurer, Illuminaten, Globalisten ihn in diesen ersehnten Körper gezogen haben mußte. Klarheit in dieser neuen Welt, ein zwar beschränkter, aber sich öffnender Raum, daß er zwar nicht sich, der er jetzt *sie* ist, sehen kann, aber wie immer das Gegenüber, ganz sicher, daß es das Gegenüber seiner früheren Betrachtungen, das sinnierend den Kopf halb gesenkt, dessen lange kupferrote Haare das Tal zwischen ihren Brüsten durchquerend, bis zum Nabel sich senken, aber doch ihm sich zuwendend. Und wenn ihr eine der Haarsträhnen das linke Auge hüllt, ihr der rote Büstenhalter mit den schwarzen Rüschen herabrutscht, so daß über sie ihre nicht einmal erregten Liebesaugen hinweglugen, sie ihre Rundungen mit den Händen stützt, wagt der in dem weiblichen Körper es nicht, näher an sie zu treten, weil er doch keine Frau ist, nur dem Äußeren, denkt wie vordem, denn eines ist es, als Mann zu phantasmagorieren, ein anderes, diesen Vorgang der Entblößung als Frau zu betrachten, aber daß da schon ein Zittern in seinem Busen, gleichwohl anders als der *andere Durst* des sich in sich selbst verliebenden Jünglings, da er *wissend* begehrte sich selbst. Aber er zweifelt etwas, ob ein wirkliches Ebenbild ihm gegenüber oder ein beliebiges Spiegelbild einer beliebigen Schönheit, wiewohl ihm die Sicherheit, sich jetzt in der Wirklichkeit zu befinden, die die Phantasie der Einsamkeit übertrifft. Aber wenn dann weit aufgerissene Augen dicht heranrücken, ihn gewiß Schwindel überkommt, er sich festhalten muß an einem Rahmen, aber ob es wirklich ein Starren in einen Spiegel, da anders als dem Gegenüber *seine* Lippen verschlossen, und warum ihm plötzlich der Oberkörper entblößt, Zweifel sich breitmachend, daß er das bewerkstelligt habe, daß es kein Spiegel sein kann. Doch dann grübelnd, da wie zu den Zeiten, als sie beide hatten beobachtet werden können, sie zwar in Körpergröße vor ihm, doch durch etwas von ihm getrennt, nicht berührbar, anders aber, als jeder hätte erwarten können, daß sie nicht die Bewegungen vollzieht, deren man selbst sich als eigene bewußt sein müsse, wenn man ein Spiegelbild bestaunt, also unsicher, ob es ein Spiegel ist oder Blindglas, und wenn, auf welcher Seite desjenigen, was ein Denken Trennscheibe nennen muß, er überhaupt stünde, auch wenn das Gesichtsfeld rundherum ausgefüllt, veränderte Proportionen, *actio* ungleich *reactio*, ob sie überhaupt wahrnimmt, daß ihm das Begehr, ihr zu nähern, etwas Irritation, wenn es eine Glasscheibe wäre, die nur von seiner Seite einsehbar, sie nicht in der Lage zu reagieren. Nein, und gewiß hat dieser Betrachter die alte Geschichte gelesen: Es geschähe ja nicht auf die Weise, daß, *reichte er hin ihr den Arm, reicht sie zurück ihre Hand,* er nicht fällt anheim diesem Trug wie damals der Jüngling, so daß der Gedanke aufkommen muß, ob es nicht anders sich zutrage, daß *er* das Spiegelbild sei, das auf *ihre* Bewegungen reagieren muß, aber auch nicht verloren gehen möchte in dieser doch etwas fremden Welt, wenn *er hinter* dem Glas wäre, denn keineswegs absurd sei es, daß man doch fühlen kann, sich erregen in einer artifiziellen Welt, in der er sich ganz sicher zu bewegen glaubt, weil auch Spiegelwesen körperliche Empfindungen haben, deren sie sich bewußt in ihrem abgesperrten Sein; wie jetzt gerade einen Atemhauch, um weniges entfernt, an seinen Brustspitzen ein Anflug einer Fühlungnahme, eines Tastens, nur an diesen beiden Stellen, daß dort das Schlüsselloch einer Öffnung, durch die sie zusammenkommen können, vergessend die alte Sage, deren Gefahr gebannt, daß er also durch ein Tor hindurchtreten könnte, daß ihm beinahe bang wird ob seiner Kühnheit, beinahe zu viel der Nacktheit, nein, da ist noch der rote Slip, Gipfel drängend zum Berg, und obwohl Kälte und Glätte sich aneinander pressen, so daß er spräche: »Gleichwohl nenne ich *diesen Quell nicht trügerisch, diesen Kuß nicht vergeblich*, da Gier mich überstürmt, alles und jeden zu küssen, sei es Glas, möge es Wasser sein, daß ich auch gläserne Zungen nähme, eindringend in das Glas, zurückwerfend mein Gesäß, auf daß ich zustoßen könnte wie ein Mann, nicht gedenkend, ob das Weib in mir obsiegt oder der Mann, aber da unten gibt es keinen Einlaß, ein merkwürdiges Glas, das nur an Kopf und Brust ein Portal gewährt«.

Und dann wieder wie am Anfang eingezogen, aufgesaugt werden, *daß seinem Körper entfliehen er würde, wenn trennte er beide*, die doch nie *einer* gewesen, denn er war nie *sie*; im Nebel ferne ein Busen, unwissend, welche Augen die seinen, daß er die eines andren geraubt haben könnte, zwei verlassene Hüllen bestaunend. Wie auch immer, wer er auch sei, dieser sieht ganz nüchtern, wenn, die Hände aufgestützt hinter dem Körper, das linke Bein aufgestellt, auf einem schmalen himmelblauen Bett, erstmals dieses himmelblaue Bett, gefallen auch das rote Höschen, aufgerissen das Gesäß, und noch perverser, fast im Liegen, noch weiter aufgeschlagen, die Beine zu einem V, wenn jemand, der ins Zimmer eindränge, die vollständige

Schamnacktheit mehr als nur observieren könnte, sein Gedanke: »Wie ich mich schäme!, ich glaube, man hat mich in den Spiegel gedrängt«, nein kein Spiegel, ein Raum hinter gewöhnlichem Glas, da hinübergesehen werden kann zu einem Körper in der gleichen Pose auf dem gleichen himmelblauen Bett, ein wirklich schmales, himmelblaues Bett, und jetzt doch wieder die Worte des alten Dichters, ein neuartiger Wunsch bei einem Liebenden: *Ich wollte, der Gegenstand meiner Liebe wäre nicht bei mir.* Nein, mehr noch, nicht mehr Gegenstand der Liebe zu sein, und einer erhört das Flehen, das mehr ein Lallen, also allein, aufgehoben worden sein, umgerichtet, in die Stellung der Hündin posiert, selbst die Labiae breit gezogen, so tief hinab den Oberkörper, daß das Gesicht verschwindend im Kopfteil des Bettes, er schluchzt, festgefroren und zugänglich für jeden, der hinter ihn träte, zu willfahren nach Belieben. Sollten sie doch ihre leeren Freuden vollziehen, *jemand, wer immer es sei, komme herein jetzt zu mir,* und da war keine Zeit mehr, sie hatten sich wohl vergangen, da halb vom Bett gekippt, nur der rechte Schenkel sich festklammernd, er meinte zu verschwimmen, alle Gesichter verschwommen, das Gegenbild, wer oder was es auch sein möge, in dem Glas, aufgerissene Augen wie Erscheinungen eines Geistes, und ausgestreckt auf das Himmelblaue legen, da ist wenigstens ein rotes Kissen, die Hoffnung, die Unterkleidung zu finden, denn er stöhnt: »Mich fröstelt«. Und versinken und sein in der Glut der Versenkung, und ich bin der Boden des Seins im Meere der Einkehr.

Zitate aus Ovid *Metamorphosen* Buch III Verse 416, 431, 458, 427, 467, 468, 454. Eigene Übersetzung; Ausnahme 468 Michael von Albrecht (Reclam). 02.10.2022

OTTO (cis-moll)

Von einem – irgend einem, dem die geschilderten Ereignisse hätten vorfallen können, denn die Verhältnisse in dieser Gemeinschaft hatten sich so verändert, daß beliebige Ereignisse beliebige Gedanken und Menschen erfaßt hatten – soll hier nüchtern berichtet werden. Das Gefüge dessen, was vordem das zivilisatorische Miteinander und die Menschlichkeit gewesen, war seit langem brüchig geworden, und auch bei denen, die mit der Phrase ‚Mitte der Gesellschaft' abgetan wurden, machten sich Unruhe und Unzufriedenheit breit. Wir sahen Wimmelbilder kruder Erfindungen, Umstürzungen aller Begriffe, die selbst Denker wie Nietzsche nur wähnen konnten und fühlten uns abseits aller Wege des Harmonischen und der Traditionen, in einer Wildnis, abseits der festen Straßen. Kultur und Sprache waren die ersten Opfer des Nihilismus jener, die alles Alte im Namen einer das Heil versprechenden Zukunft ausmerzten, die Natürliches durch Künstliches ersetzten, die unschuldige Wörter auf Schwarze Listen, wobei selbst dieses Wort umbenannt wurde zu »Liste des nicht zu Erlaubenden«, des Unsagbaren setzten, die Gewachsenes durch delirierendes Geschnatter austilgen wollten, wovon nicht einmal die Beschreibung der Basis, aus der sich Menschsein schöpft, wie *Vater* oder *Mutter* ausgenommen war. Proskriptionslisten wurden verfertigt, auf denen diejenigen gelistet wurden, die gegen die neuen Vorschriften zur Vergewaltigung der Sprache verstoßen, sogenannte falsche Wörter ausgesprochen hatten, ein Haß gegen die gewachsene Sprache als geistige Heimat, als Mittel zur Aneignung der Welt machte sich breit.

Nur wenige widersetzten sich, denn der Gesinnungs- und Verhaltensterror, der rund um die Uhr von Gleichgestellten ausgeübt wird, greift tiefer in die Gehirne des Menschen ein, als jegliche staatliche Macht der Vergangenheit es vermocht hätte, denn gleichkonstruierte Schablonen des Denkens erzeugen eine gleichkonstruierte Einheitskreatur, den Massenmenschen. Und so, zurückkehrend zum Beginn, sprechen wir von irgend jemandem, der auch ein anderer hätte sein können. Dieser war nur deshalb noch nicht unmittelbar bedroht, weil die Öffentlichkeit seinen Namen nicht kannte, da er überwiegend für sich dachte und schrieb. Ihm trug es sich nun zu, daß ein Hund vor seiner Haustür saß. Aber ihm waren Hunde verhaßt, wohl weil er zu viel von jenem obskuren, aber genialischen Philosophen gelesen hatte[1], er haßte die Zudringlichkeit des Hundes, seine Unterwürfigkeit, das Hinaufspringen am Menschen, für ihn der Funktionalismus des Sklaven, den er als Zeichen des blinden Gehorsams der Zeit ansah, das Bellen als absolut verneinende Ausdrucksbewegung, das grenzenlose Akzeptieren eines jeglichen Herrn, der stets jemanden forderte, dem er sich unterwirft, Gedanken derart, als er diesen Hund vor der Türe sitzen sah, überlegend, ob ihn prügeln oder wegjagen solle, ein großes, wohl proportioniertes Tier, kräftig gebaut, von tiefdunkler Farbe, lange, üppige, beinahe zottelige Behaarung, wohl ein Hirtenhund, der ihn doch anrührte, sein erster Gedanke, ihn zu vertreiben oder gar zu töten, schwindend, nachdem er nach Informationen gesucht hatte, daß diese Rassen tapfer beim Bewachen und Verteidigen der Herde, des Besitzers und dessen Hauses beschrieben werden.

Gerade wurden wieder Nachrichten verbreitet, daß neue Listen des Verbotenen aufgestellt worden waren, Worte wie *lahm, blind, verrückt, dumm, Ausland, Inland, Onkel, Tante* auf ihnen aufgelistet, ein wildes Konglomerat unverbundener Ausgeburten sprachlichen Gestotteres, Petitessen vielleicht, aber die Verlautbarungen ließen auf eine neue Säuberung der Sprache schließen. Auch häuften sich die Meldungen, daß Verlage Bücher von unliebsamen Autoren zurückziehen mußten oder gedrängt wurden, sie umzuschreiben, damit sie den neuen Sprachregelungen entsprächen, oftmals deshalb, weil irgend einer sich in einer vorgeblichen Besonderheit herabgesetzt, mißachtet oder inkommodiert fühlte. In diesen Gedanken betrachtete er den Hund, der nicht bellte, der nicht an ihm hochsprang, in dessen Augen er zu lesen glaubte, daß es Zeit sei, zu fliehen, in die Wälder, schien er ihm zu bedeuten, ach Hund, wollte er ihm sagen, was weißt Du schon vom Heimlichen, daß sich in ihm stets der Gegensatz verbirgt? Daß diese nicht mehr der Hort der Sicherheit, weil wir nichts mehr verheimlichen können, weil *jene* jedes unbedacht ausgesprochene Wort auffangen können, daß ich dich einen schwarzen Hund nannte, ein grober Verstoß gegen die Gleichheit aller Wesen, weil alle Zusammensetzung mit diesem Adjektiv negativ verbunden seien wie das Schwarzsehen, das Schwarzfahren, Schwarzmarkt, zudem diese Zuweisung dich in der Wahl einer anderen Fellfarbe ausschlösse, und auch für Tiere die Fellfarbe nicht in einen abwertenden Zusammenhang gestellt werden dürfe. So sein verzweifeltes Grübeln, daß er seiner sorgen müsse, Leine, Futter kaufen, er sich entscheidend, daß er ihn als Gefährten annehmen wolle, und auch für sich selbst, was seiner Sorge notwendig, wie er sich sein Selbst-Werden ermöglichen, sich selbst aus der Herrschaft jeden Winkel des Seienden überwältigenden Man herausholen könne. Nein, er wolle nicht tiefer in diese Metaphysik eindringen, aber der Hund schien Zeichen zu geben, daß er wisse, wohin aufzubrechen sei. Daß er ihn vorher taufen wolle, müsse, ja, er wolle ihn Otto nennen. Er hatte den Entschluß gefaßt, sich auf nichts mehr einzulassen, sich von allem abzuwenden und den Gang in die Wildnis zu wählen, die der Ort, wie er gehört hatte, *aus der Mensch nicht nur den Kampf zu führen, sondern aus dem heraus er auch zu siegen hoffen darf*.[2] So das Wichtigste, Notwendigste, Kleidung, wenige Bücher in einen Rucksack packend in aller Eile und sie brachen auf.

Daß sie, so war ihm bekannt, durch gewisse verrufene Teile der Stadt sich wenden müßten, in die sich die Einheimischen selten wagten, weil diese fast schon in Besitz genommen waren von anderen, die zügellos in sie hineingelassen worden waren, in denen das gebürtige Recht ersetzt durch ein anderes, unkontrolliertes; sie versuchten sich abseits der überfüllten Straßen zu halten, auf denen das merkwürdigste Gewimmel von Menschen sich tummelte: Männer in arabischen Kleidern, mit Turbanen oder Schädelkäppchen, langen Bärten, die oft vollständig eingehüllte Wesen nach sich zogen; verlottert gewandete Weiße, abgerissen und schmutzig; junge Mädchen von undefinierbarer Nationalität, mit Ringen und Ketten behängt, ihre nackten Arme mit Tätowierungen verunziert; ein Nirgendwo einer anderen unzugänglichen Welt, die zunehmend verwahrloste, unnahbar für unsere Ordnungskräfte wurden, illegale Geschäfte und menschenverachtende Handlungen überhand nahmen, so daß die Gefahr wuchs, daß ein Staat im Staat sich entwickelte, was von den Herrschenden als Belanglosigkeit abgetan, und den wenigsten fiel es ein, *die Frage aufzuwerfen, ob eine grenzenlose Vermehrung einer Menge einem Staat nicht vielleicht mehr Schaden tun könnte, als die Vorteile, die man sich davon verspreche, jemals wieder gut zu machen vermöchten.*[3] Man hörte immer häufiger von Vorfällen, wenn es auch meist nur auf den hinteren Seiten der Zeitungen zu lesen war, weil solche Ereignisse weder von gesellschaftlichem noch nationalem Interesse seien, daß junge Frauen auf bestialische Weise abgestochen wurden, weil sie sich den Besitzansprüchen der meist jugendlichen Täter nicht willfährig zeigten, aber die Floskeln des geheuchelten Bedauerns waren stets identisch, daß es Einzelfälle seien, daß man nicht verallgemeinern dürfe, daß es schwierig sei, über Täter zu sprechen und man sich von jeglichem Generalverdacht hüten müsse. Es war keine Zeit, darüber zu sinnieren; Otto, wiewohl seine imposante Gestalt für mögliche Bedroher abschreckend wirken mußte, hatte Angst, zerrte an seiner Leine, daß sein Führer Mühe hatte, Schritt zu halten, denn sie waren offensichtlich Fremde, die die Blicke derjenigen auf sich zogen, die, da sie in bedrohlicher Gestalt als Masse auftraten, feindselig wirkten, auch wenn sie noch in Ignoranz verharrten. Da sprang aus einer Ecke eine verwahrloste Gestalt, ein Messer in der Hand, hervor, unverständliche Blöklaute hervorstoßend, mehr Kröte als Mensch, aber auf zwei Beinen, Otto ihn anspringend, in das Handgelenk beißend, das knackte, das Messer und ein Finger zu Boden fallend, und sie konnten in eine Seitengasse flüchten. Etwas entfernt hörten sie Schreie und Schüsse, ein in letzter Zeit beinahe alltägliches Ereignis; wahrscheinlich griffen wieder einmal die letzten und trübsten Schichten der Menschheit in tierischer Verirrung hilflose Ordnungskräfte an. Sie hasteten, dieses Viertel zu verlassen, welcher Instinkt auch immer Otto leitete, er schien den Weg aus der Hölle von Gestank und Dunkelheit zu ahnen, und sie kamen an einer Bibliothek vorbei, aus der Horden junger Leute Bücher auf die Straße schleppten und mit Farbe beschmierten, kreischend Parolen: »Ihr habt unsere Zukunft zerstört; so zerstören wir eure Vergangenheit«, sich anschickend, ein Feuer zu entzünden, und rannten, als sie der Wanderer ansichtig, auf sie zu, sie anherrschend, ob sie Materialien bei sich trügen, die Minderheiten beleidigten, Fremdenhaß schürten oder verletzende Sprache verwendeten wie jene, dabei schon zerfledderte Exemplare des Homer und von *Othello* vor sie haltend. Obwohl Otto laut begann zu knurren, öffnete unser Freund schweigend seinen Rucksack; buddhistische Philosophie und expressionistische Lyrik sei wohl noch gestattet. Sie entgingen weiteren Prüfungen, weil eine Gestalt aus der Bibliothek gehetzt kam, lautstark gestikulierend, daß man alte Bände entdeckt habe, Meter von Regalen, die in einer antiquierten Schrift gedruckt seien, die keiner von ihnen lesen könne, wohl Relikte aus Zeiten der Monarchie und des Kolonialismus, die doch unbedingt aussortiert werden müßten, und sie konnten unbemerkt entkommen.

In einem sogenannten gepflegten Vorort, in dem Einfamilienhäuser mit Vorgärten standen, stießen sie auf die sogenannte *Filterstation*, von der einer schon gehört hatte, die flächendeckend an wichtigen Ecken aller größeren Siedlungen errichtet waren und an denen geprüft wurde, ob man eine Genehmigung besitze, um das Viertel zu verlassen, denn wer sich bewege, stoße CO_2 aus, auch beim Gehen, und trage damit zur Überhitzung des Planeten, der der einzige sei, bei. Ihnen standen Gestalten gegenüber in Ganzkörperanzügen, wie sie Raumfahrer tragen, die verhindern sollten, daß durch zügelloses Ausatmen mikrobiologisches Leben geschädigt oder beim Einatmen gar Bakterien oder Insekten, denen das gleiche Lebensrecht wie dem Menschen zugebilligt werden müsse, getötet würden. Noch war diese Kleidung Vorschrift nur für Ordnungskräfte sowie in geschlossenen Räumen oder für Versammlungen von mehr als fünf Menschen auch unter freiem Himmel. Sie fragten mit blecherner Stimme, deren unmodulierter Tonfall etwas Automatenhaftes besaß, nach seinem Gesundheits-, Regenbogen-, Geschlechter- und Umweltpaß, eine Prozedur, die eine halbe Stunde in Anspruch nahm. Er wisse ja schon, auch wenn er sich als männlich und binär bezeichne, daß es bald Pflicht werde, ein alternatives Geschlecht eintragen zu lassen; außerdem weise der Umweltpaß nur einen Eintrag auf, mit dem er erkläre, daß er höchstens einmal in der Woche Fleisch zu sich nehme; ihm sei doch bekannt, daß dies von mindestens zwei Diversgeschlechtlichen und Veganern regelmäßig eidesstattlich bekräftigt werden müsse, und sie monierten, daß *dieser Köter* keine Gesichtsmaske trage. Mit Mühe konnte er Otto zurückhalten, der versuchte, nach diesen Dokumenten zu schnappen, so daß einer der Gestalten, deren Anzüge eine Nummer und den Schriftzug SPRACHSCHUTZSTAFFEL trugen, die Warnung aussprach, daß er eigentlich Otto einen Maulkorb vorschreiben müsse, aber da die Schlange der Wartenden kaum mehr zu überblicken sei, verzichte er *jetzt* darauf. Aber sie legten jenem noch einen Fragebogen vor, auf dem er die korrekten und zum Sprachgebrauch verpflichtenden Bezeichnungen von zehn verbotenen Wörtern eintragen mußte: *Araber, Flüchtling, Behinderter, Geschlecht, Amen, Häftling, Häuptling, history, Damen und Herren, Onkel.* Nach eingehender Prüfung wurde ihm beschieden, daß acht von zehn Eintragungen richtig seien. Was den *Onkel* und *Amen* betreffe, habe er wohl die Ausführungen im SPRACHLICHEN VOLKSBEOBACHTER nicht zur Kenntnis genommen[4], aber er habe die Prüfung knapp bestanden. Durch ein stählernes Tor, das von zwei bewaffneten Schutzkräften bewacht wurde, verließen sie die bewohnte Gegend und

fanden sich in einer stillgelegten Landschaft mit Ruinen von Fabriken und Kraftwerken, aufgerissenen Straßen, die als Mahnung an die zerstörerische Kraft des Industriellen dienen und irgendwann *renaturiert* werden sollten, wozu die finanziellen Mittel fehlten. Daß da irgendwo sie eine Mauer errichtet hatten, war ihm bekannt, es schien, als Ottos Instinkt den Weg dorthin spürte, ein Schutzwall, der auf der Außenseite grün verpflanzt worden war, Türen mit Blumen, Pflanzen, Blüten, vielfältigem Gesträuch beschmückt, lockend alle Zukömmlinge, Beschriftungen, daß *alle* willkommen seien, daß nur das *Fremde* das Gute sei, in vielen Sprachen, daß dahinter sich das Paradies verberge, so daß alle sich das Land griffen, *rings in alle Hütten brächen, fluchen, lärmen, toben, zechen,* bewahrend keine Schranken mehr[5]; inwärts gingen aber nur die Zugänge, daß niemand mehr käme heraus, drohend stählerne Mauern; dorthin also müsse das Ziel sein, um hindurch zu brechen, so wohl der Gedanke des weisen Tiers. Ein schmaler

Pfad, neben dem sich die Vegetation langsam belebte und sie traten in einen Wald, neugierig suchend, witternd Otto. Ein frischer Mischwald, dunkel die Gruppen von dicht stehenden Fichten, durch die kaum ein Pfad gebahnt, dort, wo Ahorn und Buchen sich sammelten, manchmal ein moosiger Grund, in den sie sanken. Vielleicht verlören sie jetzt endgültig den Grund, so seine Gedanken, denn hätten sie nicht die gleiche Gruppe der Buchen schon vor Minuten gesehen? Gewiß sei dieser neue Raum, über dessen Natur er auch nicht mehr nachgrübelte, ob er eine Fiktion sei, begehbar, denn sie liefen durch mannigfaltige Gruppierungen von Gewächsen, traten auf Flächen von Stoppelgras, auf Zweige, die auf dem Boden lagen, mußten herabwachsenden Ästen ausweichen, doch ihm fiel auf, daß dieser Wald lautlos, daß da kein Knistern, wenn die Füße auf diese Zweige traten, daß da auch auf dem sich in die Ferne windenden Kiespfad kein Knacken oder Knirschen, daß wirklich die Vöglein schwiegen, daß da in diesem Abschalten des Tons *Grauen bang durch die dunklen Wälder* schliche, wiewohl alle Gerüche und Düfte eines Waldes sie umfingen, die Äste greifbar waren, und als er sich frug, wo sie waren, ob dieser Raum ein Ort der Sicherheit, gab ihm jeder Schritt ein, daß etwas versteckt werde, und er wußte, sich erinnernd des Satzes des Buches, das er genügend studiert hatte: Dieses Waldgebilde ist nicht so sehr *das wohlgeborgene Zuhause, der Hort der Sicherheit. Es ist nicht minder das Verborgen–Heimliche und rückt in diesem Sinne an das Unheimliche heran.* Stille, die in die Ohren sticht, Stille als die *größere Gleichung des Lebens und des Todes*[6], Stille, in der sie ertränken, wenn sie durch einen Bachlauf tapsten, ohne sein Sprudeln zu vernehmen, daß auch Otto Angst hatte, das armselige Rinnsal könnte anschwellen und sie fortschwemmen. Gerieten sie nicht immer tiefer wie Hänsel und Gretel in den Wald, ausgesetzt, ohne einen Laib Brot, ohne Kieselsteine, wäre nicht entblößt ihr Überleben von jeder Schicht und müßten sie nicht verhungern? Ziellos im Ungebahnten irrend durch dieses überhängende, dornige Gestrüpp, er sich nur noch gebeugt vorwärts bewegen könnend, daß selbst Otto sich durch die Sträucher zwängen mußte. Ob sie sich wirklich uns vor anderen verbärgen, so unauffällig, daß andere nicht merkten, was sie täten; Geräusche von Hubschraubern, daß jene sie gewiß unter Observation hätten. Jetzt in der Richtung, in der sie sich bewegten, unweit nur noch einsame Eichen, in einiger Entfernung drohend der Stahl der Innenseite der Mauer, als Otto, den er von der Leine gelassen, kauernd vor einem Erdhaufen, aufgeregt mit dem Schwanz peitschend, ein Satz, und mit einem Kaninchen zwischen den Zähnen, anscheinend ein Jungtier, zurückkam, es ihm vor die Füße legend. Plötzlich etwas witternd, zur Rechten, wo die Wildnis noch undurchdringlich schien, ein Gebüsch, von Laub zugeweht, das jeder übersehen hätte, Otto beginnend zu scharren, freilegend etwas, was ein Tunnel sein könnte, kaum hoch genug, um aufrecht zu gehen, die Wände gestützt mit Metallstreben, ein Weg, der in vielen Wendungen sich unter der Mauer erstrecken mußte, und da sah er ein Feuer, noch vage entfernt, auf das er bedächtig hinzuging, Otto aber, als spüre er seinesgleichen, fliegend der hellen Öffnung entgegen.

09.04.2022

SIX DAYS IN NEW YORK (es-moll)

Beim ersten Mal, ohne zu wissen, weshalb und wie dorthin gekommen, Erwachen in einem Parkhaus, daß ich überhaupt einen Schlüssel zu einem Automobil besitze, aber wissen, daß es dieser rote Wagen sein muß, wiewohl ich doch ohne Kenntnisse, seit langem ohne Erfahrung in der Bewegung eines Fahrzeugs, wie er mich in sich hineinzieht, aber wissen, daß ich es hinausbewegen muß in die mir unbekannten Straßen, um jenen zu verfolgen, ja, diesen blauen Wagen, daß ich ein Autorennen beginnen muß, ohne zu wissen, mit welchem Ziel, gegen welchen Gegner ich dieses Wagnis aufnehme, wenn es denn ein Gegner ist, aber daß ich doch nicht aus Lust und Laune, beschleunigend jetzt auch noch, durch Straßen rase, die mir nur Schemen sind, nein, da ein Schild BROADWAY, vorbei, schneller, daß da rechts ein Theater sein könnte, Buchwissen, das ich auf die Wirklichkeit abbilde, aber daß mir bewußt, daß das Parkhaus einem Hotel zugehörig, in dem ich wohl abgestiegen, aber kein Name eines Hotels in meinem Gedächtnis, alles vergessen, selbst die Fragmente der Orte, längst auch verloren der blaue Wagen, den ich verfolgt hatte.

Und nach einem Schnitt wie in einem dilettantischen Film beim nächsten Mal, nicht Tag kann ich es nennen, weil der Übergang zu unvermittelt und ich nicht des Aufwachens gewärtig, ob ich auf der Straße genächtigt?, ob ich Nahrung zu mir genommen?, daß mir alles entfallen, wie ich gelebt, gleichwohl wohl keine Form der Amnesie, ich kenne ja meinen Namen, wo ich früher gewohnt hatte, also keine Lücke, daß ich in einem roten Auto gesessen, daß da ein Parkhaus an einem

Hotel gewesen, sondern daß ich in einer Art neuem Universum jetzt stehe, und woher weiß ich, daß es erneut diese Stadt ist?, aber kein Zweifel meinerseits, wiewohl ich sie kannte nur vom Hörensagen, bestenfalls von jedem bekannten Photographien, zumindest der Eindruck, daß ich noch die gleiche Kleidung trage wie in der Szene zuvor, eine feste Jacke, gleichwohl weder Hitze noch Kälte spüre, eine Umgebung, die des Wetters ermangelt, ein Park, ich muß in einem Park mich aufhalten, aber in der Ferne nur einzelne Gebäude, sogenannte Wolkenkratzer, aus denen ich auf diese Stadt schließen kann, aber zwischen ihnen Schleier, Trübe, aber daß ich noch an mir herabschauen kann, daß ich mit festen Schuhen auf festem Boden stehe, aber kein Rucksack mehr, den ich immer bei mir, mit dem Rucksack der Verlust meiner Papiere, meines Gelds, meiner Identität.

Und wieder herausgerissen, in eine dritte Szene, in der es dämmert, daß es also noch Tageszeiten, immer noch in dem Park, ob es der Central Park ist?, aber daß ich nur eine schwarze Unterhose trage, daß das Gehen sich verändert, wie ich meinen Oberkörper erfühlen kann, Schwere, Brüste, ich habe Brüste, runde, mittelgroße Brüste, die ich nicht zu berühren wage, die meinen Oberkörper aufrichten, gewiß, daß sie nicht künstlich umgeschnallt, als fast nackte Frau also in *dieser* Stadt, daß ich wirklich zur Frau gewandelt, daß lange, blonde Haare vor mein Gesicht fallen, ein Reflex, daß ich meine Hände von unten vor meinen Busen schlage, wie die meisten Frauen diese Blöße verbergen wollen, daß ich nichts bei mir habe, kein Tuch, keine Tasche, daß ich ja den Rucksack verloren, daß aber nichts von meiner jetzigen Gestalt in ihm wäre, aber ich müßte auch meinen Unterleib behüten, eine Hand vor das, dem höchste Bedrohung, also quer über den Oberkörper der andere Arm, wissend, daß er mich vor nichts bewahrte, denn dort drüben stehen einige, sieben zähle ich, Schwarze wie Weiße, sie stehen im lockeren Kreis, noch ist es hell genug, daß ich Streichhölzer erkenne, um die sie die Hände schließen, ein Busch, hinter den ich mich hocke, Zweige, die die Brüste kitzeln, daß da ein wenig Schaudern, daß sich etwas aufrichtet, was ich nicht will, als einer von jenen barsch: *Open your hands right now*, ja, ein Amerikaner, und die geöffneten Handflächen, wie es jetzt ganz schnell geht, daß einer vortritt, wortlos, der, der den Befehl gab, hinter ihn, dieser, wie plötzlich alles wie hellerleuchtet, schmächtig, kurzes blondes Haar, sich hinkniet, und wie alles zerreißend der Schuß, und wie die anderen fünf den Gefallenen wegziehen, liegen lassen ein paar Meter entfernt, und die Stimme dessen, der wohl der Anführer: *the procedure will continue again*, und wie neue Hölzer ausgeteilt und wie mein Busen fröstelt, wenn sie nur das Klappern meiner Zähne nicht hörten!, und daß ich plötzlich an meinem Slip ziehen muß und daß wirklich etwas an mir, in das ich hineintasten kann wie in eine Scharte, und wie die gleichen Worte *Open your hands right now,* und einer aufspringt, ein Mulatte, unscharf, die Dämmerung hat gewonnen, wegrennen will, ein grober Griff des, der befahl, den Jungen, wie jung er ist!, zu Boden zwingend, schneller diesmal der Schuß, und daß, wie ich mich beinahe schäme, etwas wallt aus mir, aber die Natur, der *musculis constrictor vesicae* nicht dem Willen unterworfen, wenn einen die Natur überkommt, Beweis, daß ich noch lebe.

Und daß es wieder Tag ist, zum vierten Mal, und ich wieder in einem Automobil, ob es wieder der rote Wagen?, aufgehoben wieder in einer Wirklichkeit, daß es mir gelingt, den Wagen zu steuern, er mir vertraut, also vielleicht eine Fortsetzung des Beginns meines Taumelns in *dieser* Stadt, die Silhouette einer amerikanischen Großstadt, gleichwohl manchmal verschwommen, wie Nebel zwischen manchen Gebäuden, daß ich mich nicht aufhalten will mit solchen Nebensächlichkeiten, den Ampeln, wie ich sie aus Filmen kenne, den gelben Taxis, weil ich glücklich bin, daß ich wieder in meinem männlichen Körper mich befinde, ich höre meine gewohnte Baßstimme, und noch mehr, daß sie neben mir sitzt, die Polin, mit der ich seit langem eine innige Liebesbeziehung habe, wiewohl mir aber ihr Name entfallen, sie ist aus Polen, ganz gewiß, unser erster gemeinsamer Urlaub, daß wir einen längeren Ausflug ans Meer unternommen hatten, was sollten mich da Lücken im Gedächtnis bekümmern, daß ich alles Vorherige nur geträumt haben mochte, alles aufgehoben, weil sie, die polnische Frau, die mehr ist als eine bloße Bekanntschaft, auch wenn ich im Augenblick ihres Namens verlustig gegangen, neben mir in diesem wahrscheinlich roten Automobil sitzt, die mir über das Haar streicht, Wirklichkeit, ich kann sogar ein wenig Frieden schließen mit dieser Stadt, die zweite Straße rechts, da sei unser Hotel, so sie, das Parkhaus, es kommt mir vertraut vor, keine Gedanken mehr an Autojagden vor einigen Tagen, und wir betreten Hand in Hand die Hotelhalle. Daß es ein wunderschöner Tag gewesen, so sie, unsere Zimmer seien im zweiten Stock, ein liebevoller Kuß und sie wünsche mir eine gute Nacht.

Als ich dann aufwache, natürlich sicher sein kann, daß sie nicht neben mir liegt, aber da mein Bewußtsein ungetrübt, weiß ich, daß ich nie eine polnische Freundin hatte, die vergangene Episode pure Phantasie, ich also gewiß nicht in einem Hotelbett liege, sondern in einer mir unbekannten Wohnung, auf dem Boden auf einer Liegematte, einer äußerst geräumigen Wohnung, nobel eingerichtet, luxuriöse Schränke, die alt wirken, die ich mir nie hätte leisten können, echtes Holz, aber wie ein Museum oder Ausstellungsräume, keinerlei persönliche Gegenstände, ein Sekretär mit Glasaufsätzen, kleinen und kleinsten Fächern, Empire?, fast eine gesamte Wand einnehmend, aufzerrend alle Kästen und Kistchen, eines voll mit Nägeln, in einem anderen achtlos hingeworfen Fingerringe, ich kann einen Smaragd von Tand unterscheiden, in einem Fach mehrere Stapel leeres Papier, aber nirgendwo Schreibwerkzeuge, dann auch Glühbirnen, wiewohl nirgendwo eine Lampe, zu der sie zu verwenden; die Vitrinen, in denen einsame Gläser, verschlossen; im nächsten Zimmer, das im rechten Winkel abgehend, nur ein Eichentisch, altdeutsch, um den sechs Stühle gruppiert, gedeckt mit Suppentellern und Eßtellern, das Besteck ordentlich dekoriert, Gläser für alle Trinkanlässe, alles sich verlierend in der Leere der knarrenden Holzdielen, die unpoliert ohne jede Bearbeitung; ebenfalls im rechten Winkel das dritte Zimmer, in dem auf der einen Längsseite Wandregale, Buche, glaube ich, in denen sich Schubladen mit Fächern abwechselten, allesamt leer, eine Bücherwand ohne ein einziges Buch; auf der anderen Kleiderschränke, holzlich abgestimmt, gewiß mehrere Meter Kleiderschränke, hastig alle Türen aufreißend, im ersten Hosen aller

Art auf zwei Kleiderstangen, wohl nach Größen und Schnitt geordnet, teure Busineßanzüge, daneben Kleider und Röcke, mein flüchtiger Blick auf luftige Sommerkleider in allen Farben und Schnitten bis zu mondäner Abendgarderobe, auch unzählige Röcke, ordentlich aufgehängt wie in einem Kaufhaus; im dritten Hemden und Blusen, die farblich aufgereiht; nur oberflächlich registrierend den Inhalt des Schrankes mit Unterwäsche für beide Geschlechter; müde werdend, in den weiteren würde ich Hunderte von Schuhen finden; wieder nach rechts mich wendend, keine Tür, die mich aufhält, der wohl letzte Raum, von gleicher Größe wie die vorherigen, ein Podium, auf dem ein Cembalo, vor ihm aufgereiht mehrere Stuhlreihen, als wenn man ein Konzert vorbereitete. Da aber eine dunkle Tür, die erste Tür, die geräuschlos aufschwingt, und in dem abgedunkelten Raum eine schwache Leuchtdiode, die erste sichtbare Lichtquelle, nichts außer einem weichen Bodenbelag, im banalen Sinne eine riesige Gymnastikmatte, in einem scheinbar höheren die Leere, die dieses unwirkliche Geviert zusammenhielt, ohne daß es dem disparaten Äußeren eine Sinnhaftigkeit hervorscheinen ließe. Zurück im ersten Raum mir drei Dinge gewahr: Keinem der Räume ein Fenster, die unsichtbare Beleuchtung von einem sanften, warmlichtigen Dämmer; und nirgendwo eine Eingangstür, daß ich also eingeschlossen, aber wegschiebend diesen Gedanken und die Folgen; zum weiteren, als ich wieder im Ausgangsraum, in einer Ecke eine zweifach gewundene, schmale Holztreppe, die zu einer Empore führte, auf der ein breites Bett mit einem roten Baldachin; fast ohne Abstand über ihm, sich erstreckend über die gesamte Empore, deren Fortsetzung im Dunkeln, eine Glasdecke, durch die, ich unsicher, Tageslicht fällt, denn da war ein einheitliches Grau, kein Milchglas, dessen ich sicher, ein unnatürliches, beunruhigendes Grau, als habe man den Himmel grau gestrichen, das mich einsperrte, einschloß, also weitertastend in das Dunkel, ein heller Lichtblitz, als ich in etwas, was eine Küche sein möchte, trete, hinter einer Tür auch eine Toilette, aber keinerlei Waschgelegenheit, Hängeschränke, in denen Geschirr, Tassen, Schubladen mit Besteck, auf einem kleinen Tisch ein elektronisches Gerät, das nach Tastendruck ein Menü anzeigte, das, geordnet nach in Restaurants üblichen Kategorien, eine Vielzahl von Gerichten, die ich wählen konnte, anzeigte, meine Müdigkeit, die mich ein Hähnchen mit Pommes Frites wählen läßt, das nach kurzer Zeit auf einem Teller des Tisches erschien, heiß, knusprig das Fleisch. Wie sie meiner, wer auch immer sie seien, sich sorgten! Diese Müdigkeit, daß es nur wenige Meter zu dem Bett!

Daß nach dem Erwachen natürlich nichts sicher sein konnte, aber über mir eine rote Decke, der Baldachin, wie er tröstete am sechsten Tag, den ich endlich einen Tag nennen kann, obwohl der Blick nach oben das unveränderte, stillstehende Grau zeigte, so daß ich nicht festzustellen vermag, da ich meiner Uhr verlustig, ob es wirklich ein neuer, gleicher Tag in dieser Suite, die unveränderbar meinem Einfluß, auch das Licht gleichbleibend in seiner diffusen Indifferenz, so also etwas hilflos in die sogenannte Küche tapsend, fünf verschiedene Frühstücke, die das Gerät mir anbot, wahllos das zweite der Liste wählend, sofort ein Teller erscheinend mit etwas, was für mich Beliebiges war, Brötchen, Wurst, Käse, sogar ein wohlschmeckender Kaffee, das ich alles in den Raum mit den sechs Stühlen nehme, daß ich also nicht verhungern würde, daß also erstmals Greifbares um mich herum, wiewohl ich es nur zögerlich *Realität* nennen konnte, die Abwesenheit jeglichen Geräuschs, so lustlos das Essen stehen lassend, ruhelos durch das Geviert laufend, die Kleiderschränke öffnend, die weiterhin das Angebot eines Kaufhauses boten, ob ich mich umziehen sollte in einen dunkelblauen Nadelstreifenanzug, hing da nicht auch das Kleid mit dem braungetupften Leopardenmuster, das die Polin getragen hatte? Aber es gab nichts zu entdecken, was ich nicht schon erkundet hatte, kein Buch, kein Fernsehgerät, also wieder auf die Empore, da war eine Holzleiter, die wohl noch ein Stockwerk höher führte, eine Klappe öffnend, und ich stehe in einer Art Dachgarten, ein Blick auf Häuserzeilen, die halb verfallen, zumeist verwaist, verlassen wirkten, und über das Geländer tastend, etwas Glattes mir widerstehend, eine gläserne Wand, sofort meine Erinnerung an jenen Roman, in dem die Heldin in ihrer Hütte von einer solchen eingeschlossen, aber sie hatte einen größeren, wenngleich umgrenzten Bezirk, die Natur, Tiere, während mir nur diese vier Zimmer, aus denen ich nicht entkommen kann, in denen nichts außer mir selbst existiert, und ich sehe nicht einmal Menschen, die in ihrer Bewegung erstarrt sind, nur eine tote Stadt. So also wieder hinab, in den Raum mit dem Cembalo und die aufspringende Tür. Ich hatte in der Ecke einen flachen, dunklen Bildschirm übersehen, der mir nach der Berührung eine Anzahl an üblichen Auswahlmöglichkeiten zeigte, START, STOP, PAUSE, REPEAT, CHAPTER, SPECIAL, die Vor- und Rückspulsymbole ▶▶ ‖ und ‖ ◀◀, unten PRESS ESC TO EXIT, die üblichen Pfeiltasten, und nach START

Das Innere eines Parkhauses, ein Mann zu einem roten Automobil eilend, dem ein anderer, der ich sein mußte, folgte, sich zu einem schwarzen Geländewagen wendend, jener das rote aufschließend, den Motor anlassend, zügig aus der Lücke fahrend, man hatte den Eindruck, er verfolge einen anderen, grauen Wagen, das Parkhaus verlassend, die Kamera das Straßenschild 5ᵀᴴ Avenue streifend, die aufsteigenden Namen der Querstraßen bedeutend, daß sie nach Norden fuhren, das Empire State Building erkennbar,

Langeweile mich überkommend, so drückend ▶ ‖

an zerfallenen Vorstädten entlang, Tankstellen, Schnellimbisse, Autohändler, durch immer die gleiche verwahrloste bauliche Wildnis die Fahrt, zwei Wagen im Sichtabstand im gleichen Tempo, ein dritter, ich, ja ich, weil mein gesamtes Gesichtsfeld ausgefüllt mit den vor mir Fahrenden, die Unendlichkeit einer menschenfeindlichen und leeren Ödnis, also wieder ▶ ‖

den beiden Wagen folgend im gleichen Abstand durch dicht an die Straße heranrückende Laubwälder, schnurgerade, ohne daß in der Ferne eine Unterbrechung der Eintönigkeit, daß sie stundenlang weiterfahren möchten, daß ich also damals unendlich und ziellos dem anderen gefolgt wäre, also Stop und Chapter 3 wählend, dann auf einer weiteren Eingabezeile mir die Optionen Woman1, Woman2, Man White, Man Black, doch etwas zögernd, dann auf Woman2 und sofort eine fast nackte Frau hinter einem Busch, einige Meter entfernt vier männliche Leichen auf dem Rasen, die mir bekannte Stimme *Open your hands right now,* ein etwa fünfzigjähriger Mann aufstehend, zu dem Befehlenden springend, ihm versuchend, die Waffe aus der Hand zu reißen, ich, wer auch immer ich war, ganz gewiß, daß auch eine Frau, auf die auf dem Boden Kauernde zu, die gerade dabei, ihren Harn zu entleeren, mich reden hörend *You should take care of yourself, lady, or you will be the next*, die andere, Zitternde hochziehend, *if you don't submit to me*, paralysiert die andere, ihr den weißen Slip herunterreißend, mit zwei Fingern in ihr Geschlecht, brutal küssend, kräftiger in sie einbeißend, rasender meine Finger in mein früheres Ich, wer auch immer es war, daß es sich schüttelte, daß es durchaus attraktiv war in seiner Angstekstase, nackenlange rotblonde Haare, irrisierende helle Augen von fast Weiß zu Grau, meine Stimme *I wanna give you a double squirting*, dann ein Schuß, mein Blick über die Schulter, *at last the bastard has perished*, und ich freigebend den Mund, festbeißend in ihre Brustwarzen, wie er gellte, toste, *you're a good lady*, als meine Finger überschwemmt, daß da zwei Flüssigkeiten vermengt, und ich lecke mich ab, ihr eine Jeans und und einen schwarzen Pullover zuwerfend. Esc.

Tatsächlich waren mein Zeige- und Mittelfinger völlig durchnäßt, als ich sie beroch, eine wundersame Mischung aus Urin und etwas Süßlichem, ein wenig wie Honig. Unsicher, ob ich mich einer der anderen Episoden zuwenden sollte, dann doch zu Kapitel 4; da die Wahl Man1, Man2, Woman. daß letztere die Polin sein müßte und

Daß es ein wunderschöner Tag gewesen sei, sagte ich, vielleicht morgen Philadelphia, nur zwei Stunden entfernt, und ich küßte mich liebevoll, ja ich meine es so, voll der Liebe küßte ich ihn, der verlegen vor seinem Zimmer stand, daß ich einfach einen Mann küßte, den ich wirklich liebte, und ich war beschwingt, fiebrig in dem luftigen Kleid mit den Mustern von

Leopardenflecken, dezent sein brauner Ausschnitt und der Besatz in Hüfthöhe, warf übermütig meine Haare auf den Rücken, da mein Hotelzimmer, daß ich einfach weiter küssen mußte, da, auf die Kommode mit dem breiten Spiegel mich legen, erst mir die Handfläche darbietend, dann ein inniger Kuß, daß Frauenküsse anders munden als die eines Mannes, wie wir den Spiegel behauchten, als wir uns beatmeten!, und mein Blick etwas an mir vorbei, aber da kam er schon aus dem Badezimmer, nackt, tanzend sein aufgerichtetes Glied, daß ich dich aufessen werde, aber auf das Kleid aufpassen wegen der Flecken!, ich werde so liegenbleiben, o.K.?, wie du mundest!, bemale mein Gesicht, laß etwas übrig für meine Schwester, sie ist ein glücklicher Schmetterling, der nichts von mir weiß, male dich weg in meiner Gesichtslandschaft, ich muß den Pinsel nicht führen, dann wird er eins mit meinem Gesicht, und schon fließt du, und mir ist alles genug, und ich wünsche dir eine gute Nacht.

ESCAPE, nur noch ESCAPE; zu spät meine Reaktion, mein Gesicht überzogen von den schmierigen Streifen, von der Nase es tropfend, auf der Lippe ein Rinnsal, daß ich schon irre geworden: Daß ich als Agneta, ja, jetzt weiß ich wieder ihren Namen, nichts von mir wußte, kein Teil meiner war, sonst hätte sie mich nicht küssen können, daß keiner meiner Gedanken als Gast in ihr sie begleitete, aber ob das alte Bild von Zhuang Zi passend ist, daß ich vielleicht ihr Spiegelbild war, absurder Gedanke, und wieso kam ihr das Bild in den Sinn, oder war ich bewußtlos doch sie gewesen, weil ich die Erzeugnisse, die sie von ihm, der ich gewiß nicht gewesen, empfangen, im Gesicht trage, der Pinsel, der die Landschaft wird, Gedanken, die ich kürzlich erst gelesen, wie sollte Agneta sie gekannt haben, und für sie, wenn sie ein Schmetterling gewesen, waren alle Ereignisse hell und klar, anders als mir, als ich mit ihr den Ausflug unternommen, alles diffus und ungreifbar, und ich schließe aus, daß sie als Schmetterling geträumt, daß sie ich war, und nie kannte ich einen Schmetterling Agneta.

Aufstehend, noch einmal ein Rundgang durch die türlose Wohnung, in einem der Kleiderschränke immer noch Agnetas Leopardenkleid; mochten nicht die zerknitterten Jeans und ein schwarzer Pullover, die achtlos vor den Schränken lagen neben einem durchnäßten weißen Slip, *mir* gehört haben? In dem Raum, in dem ich versuchte zu frühstücken, waren alle Reste verschwunden; auf der Empore war mein zerwühltes Bett ordentlich zurechtgemacht; der Automat in der „Küche" stellte mir ein Glas Rotwein bereit; die Decke über meinem Bett war vom gleichen Einheitsgrau wie ehedem. Also zurück in den Raum mit dem Bildschirm; der Menüpunkt SPECIAL bot mir AIRPORT, TRAINS, NEWS an. Kurzes Zögern, der letzte Punkt bedeutete mir lapidar: *You don't have any news*, die beiden anderen *This site is not available. Please try it later.* Nicht einmal verzweifelt aufstehend, gelassen in mein Schlafzimmer gehend, eine Flasche Châteauneuf bestellend, Glück, da war ja noch der Lao Zi in meiner Jackentasche, legte ich mich unter den roten Baldachin und schlief bald ein.

Gedanken nach, *Das wahre Buch vom südlichen Blütenland* Kap II, 12.
21.08.2021; 15.09.2021; 23.02.2020 + 10.09.2021; 06.07.2022; 12.10.2021 + 20.08.2021; 04.04.2020; 04.04.2021

AMOR

ALLA (F-Dur)

Schon etwas nachdenklich, vielleicht eher versonnen, wenn ich in mich schaute, sogar beklommen, als ich, nachdem sich das Tor geöffnet, den Kiesweg dem, *imposant* eine Formel vielleicht, Anwesen entgegen schritt, eine Villa, ebenfalls nichtssagend, der Mittelbau drei Stockwerke mit einem Zwiebelturm, die Seitengebäude zweigeschossig mit je vier Fenstern, jedes zweite mit weit herausragenden Erkern, *herrschaftlich*, so vielleicht das Wort, das Anwesen, in dem ich ihr Unterricht im Lateinischen geben sollte. Die Türklingel der Beginn des dritten Brandenburgischen Konzerts, und Herr Ö., der mir öffnete, ein *gentleman*, dachte ich, Weste, gepunktete Fliege, aber lindgrün der Anzug, ob ich ob der Hitze nicht meine Jacke ablegen wolle, holzgetäfelt das Entree, an der Decke ein Gemälde, das seien doch Apoll und Daphne, ja, so Herr Ö., eine Geschichte, die ihn immer wieder berühre, keiner habe die bedrohte Unschuld so in Szene gesetzt wie Waterhouse, wie eine junge Frau fliehen müsse von einem, der glaubt, sie zu lieben, aber vergiftet von dem goldenen Pfeil ist, und er wünsche, daß seine Tochter exakter von dem bleiernen getroffen worden wäre, denn er fürchte, ihr Liebreiz könne nicht verhindern, was er sich von ihr ersehne, daß sich in ihr das Wesen *jener* erfülle, also selbst den *Namen* einer Liebenden scheue. Deshalb auch dieses abgelegene Anwesen, und er führte mich in einen monumentalen Saal mit hoher Decke, an dessen Wänden große Teppiche hingen, rotbraun mit goldfarbenen Verzierungen in verschnörkelten Rauten, Halbkreisen und Schlangenlinien, an zwei Seiten umlaufende dunkelbraune

Truhen oder Unterschränke, Ecken und Griffe ebenso golden verziert, ein etwas pompöser barocker Stil, seine verstorbene Frau habe bis zuletzt an den Ausschmückungen Hand angelegt, aber er wolle sich nicht an die Vergangenheit verlieren, auch wenn Alla ihr Tod oft in seltsamer Zurückgezogenheit zurückgelassen habe. Ob er mir nun den Zweck meines Besuches, seine Tochter, die er über alles behüten und beschützen wolle, vorstellen dürfe, dabei aber nur ein Seitenblick zu ihr, die vor einem Arbeitstische stand. Da warst Du, ganz in Weiß, Alla, die Vornehme oder Edle, hatte ich vorher geforscht, etwas verlegen standest du da, kerzengerade, die Hände hinter dem Körper, aber gesittet und sorgfältig die mittelbraunen Haare, nackenlang, auf den Rücken drapiert, eine schlichte weiße Bluse, geknotet mit einem gelbbraunen Band durch sechs Löcher gefädelt, der passende Rock zwei Handbreit über den Knie mit aufgesetzten Taschen, daß man sie wohl Eingrifftaschen nennt, die rechte mit einem Knopf verschließend ein oval abgerundetes Oberbehältnis, links, in der Mitte des Rocks aufgesetzt doppelt so breit, waren zwei dieser Futterale aufgenäht und mit Druckknöpfen zu verschließen, die nur kleine, flache Utensilien fassen könnten, auf der Verschlußklappe wohl ein verschnörkelter Schriftzug des Herstellers, *Mingon* oder *Mangam*, mich fassend der Blick der ganz dunklen Augen, nein, nicht zuviel des glänzenden Lippenstifts, du bewegungslos, reglos auch ich, als er weiter geredet hatte, gewiß auffangend, daß ich nicht meine Augen von ihr lassen konnte, den Schriftzug des Herstellers zu entziffern trachtend, wie abwesend durchstreife sie oft unwegsames Gelände, besser noch als wenn sie sich von Gleichaltrigen, Männern nachstellen lasse, da freue er sich, daß sie *jener* ähnlich zu werden trachte, sehe ihr nach, daß sie sich oft mit zu reichhaltigem Schmuck behänge, überbordenden Halsketten. Aber dabei vernachlässige sie das Studium, für das sie das Lateinische benötige, aber daß er ihr nicht helfen könne mit dieser Sprache, obwohl ihn, wie ich an dem Deckengemälde erkenne, die mythologischen Stoffe durchaus anzögen, und ob er anfangs etwas lauschen dürfe, wenn ich es erlaube, ein Monolog, dem ich kaum zuhörte, als sie die Hände auf den Saum des Rockes legte, den Kopf leicht zur linken Schulter neigend, als *Morgan* könnte der Schriftzug auf der Tasche auch zu lesen sein, und es sei ihr förderlicher, wenn sie sich verschmähend von Männern abwende, auch wenn sie schon dreiundzwanzig sei, das Studium gehe vor, und besser sie durchstreife allein abgelegene Gegenden, sinniere unter den Bäumen des unwegsamen Gartens, durchaus mögen wir den Unterricht dorthin verlegen, er wolle diesen natürlich nicht kontrollieren, aber ich möge auf ihre Disziplin achten, da sie leicht abzulenken sei, eine unendliche Rede Herrn Ö.s, Hintergrundgeräusch für mich, als ich auf Allas Schuhe hingezogen wurde, schwarze, feste Schnürschuhe, eher zum Wandern geeignet als für diesen herrschaftlichen Salon, festknüpfend sich unsere Augen, als sie an der Schnürung der Bluse zu nesteln begann, dann erst sein Blick auf sie, barsch, wie sie denn aussehe, daß sie ihren Lehrer in dieser Kluft zu empfangen wage, ich solle solche Störungen des Lernprozesses unbedingt unterbinden, nicht, daß er mir unlautere Absichten unterstelle, genügend Erfahrung habe ich mit lasziven jungen Mädchen, dich fortschickend, auch wie ihr Haar ungeordnet herabwalle, nicht daß sie sich fraulich oder westlich kleide, moniere er, doch die obszöne Kürze des Rocks, seine Frau, nein, er wolle ihre Erziehung nicht schlechtreden, aber Russen ließen ihren Töchtern mehr zu, während er als Muslim, nein, er wolle jetzt darüber mich nicht belehren, ich verstehe ihn wohl, daß er jetzt die Verfügung über ihr öffentliches Auftreten sich zuspreche, als du zurückkamst in einem bodenlangen Militärmantel, doppelreihig, sechs Knöpfe, von denen nur einer geschlossen, ironisch hebend die rechte Hand zum Gruß an den Kopf, слушаю генерал. Ich mußte innerlich lachen über diesen sarkastischen Gehorsam, Herr Ö. schnaufend, während ich beinahe erwartete, daß er tätlich werde, aber sich beherrschen können, daß sie wenigstens ihre Blößen bedecke und daß er mir natürlich alle Zeit, die ich hier verweile, erstatten werde.

Wir setzten uns züchtig gegenüber an den großen Tisch, sorgfältig du deine Unterlagen ausbreitend, Wörterbuch, eine Grammatik, Schreibblock und den zu bearbeitenden Text Ciceros, den du mir vorab mitgeteilt hattest[1]. Ich übergehe die Präliminarien, bei denen der Lehrer Wissensstand, Kenntnisse gewisser sprachlicher Probleme erfragt, immer Herrn Ö.s Blick in meinen Rücken stechend, der sich auf einen der Unterschränke lehnte. Ich hätte diesen Text in meinem mündlichen Examen bearbeiten müssen, natürlich ohne Wörterbuch, müsse sie wissen, so streng die Regeln damals, aber die Uniform stehe ihr sehr gut, ob sie Leutnant oder Unterleutnant sei, ach, das wisse sie auch nicht genau, man habe die Schulterklappen oftmals verändert, und wie sie neckisch an einer Haarsträhne, die ihr in die Stirn fiel, zog, daß ich nur Gefreiter gewesen sei und also ihr gehorchen müsse, *leitenant Ö.*, du ganz leise flüsternd, sie wolle lieber den Namen ihrer Mutter annehmen, wenn sie nicht mehr abhängig von *ihm* sei, nein, das habe er nicht gehört, unverändert sein starres Stützen auf die Kommode, die Haarsträhne jetzt über die Nase tanzend, als du den Kragen hochschlugst, daß ich ruhig eine Doppelstunde durchführen könne, so seine Stimme von ferne, wenn er einmal unterbrechen dürfe, er vergaß mir mitzuteilen, daß er baldigst zu einer Dienstreise von zwei Tagen aufbrechen müsse, schon fast Bangigkeit, daß die Haarsträhne so schnell als Reiz auf mich übersprang, sie habe große Teile des Textes wohl studiert: *Ita fit ut ratio praesit, appetitus obtemperet*: Sei dies nicht zu vereinfachen? Sie selbst schlage doch nicht über die Stränge, wenn sie diese weiße Kombination trage, die doch gewiß nicht allzu weit ausschweife, da sei doch diese andere Stelle, und geistesgegenwärtig deutetest du auf die Stelle im Cicero, als Herr Ö. hinter uns, und zu mir gewandt: daß er sehe, wie intensiv wir arbeiteten, aber ich möge weiter auf ihre Disziplin achten; zu Alla: Er könne sie in diesen Tagen leider nicht so im Auge behalten, wie es wünschenswert sei, aber er werde sie täglich anrufen, für das Alltägliche werde sie ja wohl selbst sorgen können, ach wenn nur die Mutter, er sich über meine deutsche Übersetzung beugend: *So geschieht es, daß die Begierden der Vernunft gehorchen und ihr nicht zuvorkommen*, dies halte er für einen ausgesprochen klugen Satz, den sie unbedingt beherzigen solle. Ach lieber Vater, er sehe doch, daß ich mit ihr die Dinge, die das rechte Maß beschrieben, behandle, *das Schickliche bei allen Handlungen*, wo sei nur diese Stelle?, eifrig blätternd, merke er sich das Wort *decorum*, und die einfühlsamen Worte dieses Lehrers würden ihr gewiß zu diesem Maß verhelfen, er sehe doch auch an ihrem Mantel, daß sie sich zu bedecken verstehe, und er möge ihr nachsehen, daß es einer der sowjetischen Armee sei, Mutter hätte sicher nichts gegen ihn einzuwenden gehabt. Eine etwas versöhnlichere Miene des Vaters, unkenntlich mir, ob er deine Ironie begriffen hatte, er fortfahrend, sie solle sich selbst genügsam sein, weil sie schön sei, sie solle, auch im Andenken an seine Frau, sich vom Leib halten Männliches, Weltliches, sich besinnen auf das Gemälde, der Gelüste Ketten zerreißen, um die große Kraft aus sich zu schöpfen, er sei sich sicher, daß ich ihr dies mit diesem Text, den er irgendwann einmal lesen müsse, einpflanzen könne. Und er küßte ihr fast liebevoll die Stirn und verließ das Haus.

Mir doch jetzt etwas Verlegenheit, als die Strähne sich in zwei Stränge teilte. Sie wage nicht zu fragen, ob wir uns jetzt duzen sollten. Da sie so viel des Textes kundig, wie überhaupt den Unterricht fortsetzen? Aber sie habe doch noch strukturelle und grammatische Fragen, ich habe sicher ihre Wißbegier wahrgenommen. Und sie sehe, wie mich ihre Haarsträhne fixiere, ich dürfe sie ruhig fassen, er werde nicht wiederkommen, ihr den angemessenen Platz anweisen. Zeitdehnung, Zittern, als ich mit einem Finger ihre Lippen streifte. Also zu Abschnitt 126, dessen sollten wir uns noch bezähmen. Also, der Konjunktiv *aspectum essent* irritiere sie, sie finde keinen Bezug, und ich, daß sie nach einem Verb suchen möge und einem Attribut. Ach ja, das PFA *habiturae*, aber wo denn das Subjekt, mit dem Stift den Text entlangfahrend, ach ja *partes*, daß also *die Teile einen turpem* Anblick geben oder geben wollen oder doch ein Konjunktiv, vielleicht *gäben, und diese versteckten?* Also daß manche Körperteile nicht gezeigt werden dürften, weil sie ekelhaft seien, wolle er das wirklich sagen? Daß den Vater diese Stelle in seiner Meinung über sie bestärken würde? Daß also ihr Aufzug unanständig sei, *turpis* heiße doch auch *unsittlich*?, und Cicero spreche doch die notwendigen *partes* an, ihr Geschlecht, ihre Brüste zum Beispiel? Wenn Vater jetzt anwesend wäre, risse sie sich diesen Mantel vom Leib und früge, ob diese Körperteile *deformis* seien. Wie du glühtest in hitziger Empörung! Daß wir noch ein paar Gedanken aus dem Folgenden übersetzen sollten, sprachlich gäben sie keine Schwierigkeiten: *Quae enim natura occultavit, eadem omnes, qui sana mente sunt, removent ab oculis.* Das müsse sie gar nicht übersetzen: Sie habe also keine *sana mens*? Und welche Natur meine er da? Der Mensch komme doch nackt zur Welt, da müsse sie über den Naturbegriff nachgrübeln, wie er zwischen Geist und Körper und gutem und schlechtem Körper scheide, unmöglich für sie. Und dann *occultissime*? Solle sie sich also mit ihrem Körper im Dunkeln vergnügen? Immer dieses Wort *obscenus, obscenitas*, sie könne dies nicht mehr weiterlesen. Ihre Hand auf meiner. Seit dem Tod der Mutter, sie habe sich das Leben genommen, weil er sie an das Haus gefesselt, gezwungen habe, ihren Beruf aufzugeben, halte er sie wie ein unreifes Mädchen, bedränge sie, zum Islam überzutreten, überhaupt, sie wundere sich, daß er mich als Mann als Lehrer angenommen, und das Deckengemälde, er habe nichts von dieser alten Geschichte verstanden, daß dem Gotte nur Liebe der Grund seines Folgens. Aber sie wolle nicht, daß ihre Glieder erstarrten, ihre Arme zu Zweigen streckten, daß er sie degradiere zu einer niedrigeren Lebensform, ich fühle doch, wie es pulsiere in ihr, und meine Finger wagten zu umschließen die ihren, wir verharrend, als ob wir beide strebten doch zu erstarren, aber kein Wipfel überdeckend dein Gesicht. Der Tisch, der uns voneinander trenne, daß wir uns umsetzen sollten. Du den Stuhl vor meinen rückend, daß sich unsere Knie berührten, und sie müsse jetzt zu den verbotenen notwendigen Zonen streifen, ich spüre, wie sie, ein klein wenig nur, sich ertastete; auch wenn es sich doch im Geheimen unter dem Mantel zutrug, meine rechte Hand sich mit deiner linken verknotend, uns vorbeugend, daß unsere Stirnen aneinander lagen, deine Rechte öffnend den untersten Knopf des Offiziersmantels, fast bewegungslos tastetest du in dich, unser Atem sich findend, koordinierend, immer mehr verlangsamend, das Ausatmen sich immer mehr verlängernd, über unsere sich fügenden Stirnen als Mittler sich übertragend die Bewegung des Fingers, wie du abwechseltest zwischen Eindringen und Umkreisen, in regelmäßigem Rhythmus, der Mittelfinger sei ihr der liebste, immer leiser dein Atmen, dann das Flüstern *glühender Feuerstrom*, ich möge sie noch dichter halten, damit wir uns nicht verloren gehen, ich fühlend, daß du jetzt in Achten kreistest, *glühender Feuerstrom nicht turpis*, und als deine Hand schnitt sich schmerzhaft kneifend in mich, wußte ich, daß es geschehen war. Dein erster Kuß ein Hauch, und du schlangest deine Arme um meinen Hals. Nachdem du den Rock sorgfältig glattgestrichen hattest, die Frage: Ich solle doch im Wörterbuch nachschlagen, was *glühender Feuerstrom* auf Lateinisch heiße. Suchend, blätternd: *tempestas igneus ardens* wäre eine etwas holprige wörtliche Übersetzung; oder sie habe ein *flammarum ardor* ergriffen, ein *ignis animi ardens* sei vielleicht ein passenderes Bild.

Beidseitig etwas Unschlüssigkeit, als wir uns mit etwas Abstand mit beiden Händen faßten. Ein letzter Blick in den Text: Sie möge sehen, daß sie nicht gegen Ciceros *dictum* verstoße habe: *id dicere obscenum est*, aber sie habe die verbotenen Ausdrücke nicht ausgesprochen und gebe es ein größeres Geheimnis als einen sowjetischen Militärmantel? Und noch ein Kußhauch. Sie wolle mir jetzt ihr Schloß zeigen, insbesondere ihre jungfräuliche Kemenate. Eine breite Holztreppe zum ersten Stock, mehrere Gästezimmer, da könne ich übernachten, eine Nacht, bis er zurückkehre, die Bibliothek, wie es sich für Aristokraten gehöre, du mit einem spöttischen Unterton, ich dürfe mich nicht von Vaters Faible für die Antike täuschen lassen, Mutter habe alle wertvollen Antiqua eingebracht, Portraits von Dostojewski, Puschkin, der mit dem randlosen Kneifer, tatsächlich, Mereschkowski, Zar Nikolaus, alles keine Türkenfreunde, fast schon sarkastisch dein Kommentar; im zweiten Stock ein ehemaliger Kultursaal, der zum Tanzen und für Empfänge genutzt worden war, verwaist, von Musik und gesellschaftlichem Leben verstehe er wenig; Sauna und Schwimmbad, wenn ich wolle, könnte ich der erste Mann sein, der mit ihr schwämme; und da die Wendeltreppe zu ihrem Turmgeschoß, sie könne es sogar abschließen. Eine niedrigere Decke als in den anderen Räumen im Flur, kahle Wände bis auf einen fast körperhohen Spiegel, in ihm bestaune sie sich selbst, die ungesehenen Teile des Körpers, küsse ihren unberührten Mund, wohl wissend, daß es anders als in der anderen alten Geschichte, daß sie sich nie mit sich selbst vereinigt sah wie der unglückliche Jüngling, daß aber nie stärker in ihr das Feuer, aber nicht wagend, es neu zu entzünden. Und du

Knopf für Knopf den Mantel öffnend, beide Hände am Kragen, sie wisse, das sei jetzt eine billige Show der Entblößung, besser aber, als wenn sie jetzt alles von sich risse, dein Kopf herabfallend zum Kinn, die Strähne, die sich verdickt hatte, das linke Auge fast gänzlich einhüllend, der Kragen aus eigener Kraft fast von den nackten Schultern rutschend, und als, ohne daß ich es gewahr, das Gewand wieder, sich auffaltend, auf ihnen saß, standest du kerzengerade, den Kopf etwas in den Nacken geworfen vor mir, wie eine Statue wie bei meinem Eintritt, die Augen wieder befreit, durchdringend mich, erwartungsvoll, gespannt, aber ohne Fieber, wortlos. Achtlos fiel der Leutnant auf den Boden, einhüllend dich nur ein weißes Ding, was man wohl Häkelkleid nennt, möglicherweise war es nur ein fein durchbrochenes Tuch, das mit Klemmen unsichtbar zusammengehalten war, das bis auf den Boden fiel, und ein fast neckisches Spielen mit ihm, das du manchmal über den Kopf zogst, auf einen Zipfel beißend, dann die Wange in es vergrubst, wieder als überdimensionalen Kragen über die Ohren aufzogst, ich möge ihr diese mädchenhaften Possen nachsehen, sorgsamst darauf achtend, daß nicht zu viele Blößen sich mir enthüllten, ein Reflex wohl, daß du dann stillstandest und beide Hände über den Unterleib faltetest und dessen unbehaarte Scham. Sie dürfe mich jetzt in ihre Kammer führen und faßte mich an der Hand. Es reize sie, in diesem Aufzug spazieren zu gehen, kokett um sich wirbelnd, ob sie angemessen gewandet sei, wenn das Kleid bis zum Hals geschlossen sei? Das Zimmer schlicht möbliert, fast düster, ein dunkler Glasschrank, der anscheinend nur Nippes, Gläser, Dosen enthielt, darüber eine Abbildung, die wohl eine japanische Geisha darstellte, die die Arme über den nackten Oberkörper kreuzte, zwei Stühle, aus dem gleichen Mahagoni, ein Schreibtisch, so meine ersten Beobachtungen. In was solle sie verwandelt werden, sicher nicht in den unglücklichen Jüngling, wiewohl sie oft phantasiert habe, ihr Bild begehrte, würbe um sich, die sie zu scheu, um irgend einen zu werben, ich sehe wohl, daß der Vater ihr so vieles ausgetrieben. Von der Kommode nahmst du die Blume, die sechs zitronengelben Blütenblätter, eines sich schmiegend an deinen Hals, wie da die Krone leuchte!, ein weit geöffneter Pokal, wenn sie sprechen könnte, würde sie alle bannen, alle Augen zu einem wißbegierigen Rund machen, aber sie wolle selbst diese Blüte sein und darauf warten, daß sie einer behauche, sie sei nicht giftig, wie man behaupte, sondern beginne dann zu leben, komme zu einem oder ließe sich nehmen von ihm, und du senktest ihren Stiel in dein Geheimnis hinein, immer tiefer in es, damit es zu einem empfangenden werde. Und du warfst das Kleid von dir, schobst dir die Blüte auf dein nacktes Geschlecht und standest zum dritten Male aufrecht als Statue vor mir, leicht geöffnet die Beine, faltend die Hände wie zum Gebet vor deinen Mund mit dem Safrangelb in deiner Weiblichkeit, neigtest dann den Kopf auf die zur Wange gebetteten Hände, als ob du auf ihnen schlafen wollest. Ich nahm sie, schmiegte sie auf die gleiche Weise an meine Wange und beatmete umkreisend deine winzigen Brüste.

    Scheu dein kaum vernehmliches Flüstern, die schlichten Worte, was ich denn sehe, und ich: Daß ich ein Wesen wahrnehme, das mich aus allem verrückt, und dessen Augen, die Doppelgestirne wie Sterne, sich zu mir herabneigend in sich hineinziehen und ich trotzdem nicht in ihnen ertrinke, und das es wagt, mir zu zeigen, wie man zu einem Geschlecht wird, das man immer war und ist, auch wenn man es ihm verbieten will, und das so mutig ist, mir alle seine Zweifel zu offenbaren, was die meisten anderen mit Zurückweisung oder Flucht ahnden würden, und das mir Vertrauen gewährt, daß ich ihm helfe, aus seinem Gefängnis herauszufinden, und daß eine Frau mir gegenübersteht, der ich verfallen will. Und dann du: Ob ich den letzten Schritt zur Bekräftigung dieser Bekenntnisse zu unternehmen wage, sie zu befruchten? Las sie einmal diese wundervollen Worte, mich wundernd, daß sie mir jetzt in den Sinn kamen und daß wir dies schon einmal vollzogen: *Wenn unsere Köpfe aneinanderrücken, die Schädel sich berühren und die Lippen sich aufeinanderpressen, um einen Kuß entstehen zu lassen, sei dies nicht eine Göttlichkeit der Begegnung und des Blickes.*[2] Und ich nahm die Narzisse aus deiner Vulva, steckend sie mir in mein Knopfloch, und stürzte meinen Mund ganz in dich hinein.

31.08.2021

CRISTINA (F-Dur)

Liebste Cristina,
Wie ich, seit ich Dir im September 2012 zum ersten Mal begegnet, von Dir sofort inflammiert und immer wieder in Dich hineingefallen war! Aber wie ich da, anders als bei den anderen, es nicht wagte, mir vorzustellen, auch im Wachen, ich träte Dir gegenüber, nicht einmal, daß ich dich sanft berührte, wenn Du dich auszögest, wie Du es damals, 2004, begannest, bis Du beim vierhundertundvierten Versuch gänzlich nackt, aber nicht mir den Blick schenktest, sondern deinen Körper prüftest; und wie ich Dir auch nicht sagen kann, warum ich Dich allen anderen vorzog, über die ich Dutzende von Texten verfaßte, immer, natürlich bei einem begehrenden Mann, mit der Imagination, mit diesen alle Träume erleben zu dürfen, wirklich, glaube mir, nicht nur, was man mir vorwerfen könnte, sogenannte niedere Begierden ausleben zu wollen, nein, wirklich Harmonie, das Wesen der Verbindung der Seelen und sonsterlei Allbekanntes oder Triviales. Aber ganz anders bei Dir, noch zurückhaltender, zögerlicher ich, unvorstellbar, daß ich mich mit Dir verbände, als es mir gelang, statt hundertfünfzig nach langem Suchen mehr als fünfhundert deiner Abbildungen zu erringen. Daß ich also Dir nicht erklären kann, was es an deiner Verfünfhundertfachung war, ob deine kupferroten Haare, von denen ich nicht einmal der Echtheit der Farbe sicher sein konnte, oder dein schmales Gesicht, das immer nachdenklich und in sich gekehrt war, oder dein kleiner Busen, Dinge, die alle nicht mein Begehren erweckten, Dir als *Mann* gegenüber zu treten, sondern nur den Drang, daß ich

ganz zu *Dir* würde. Damit ich nicht noch mißverständlicher aberriere: Unterscheide das wachende oder auch das träumende Verlangende oder Sehnen, das Unwirkliche, das nur eine Welt aus Bildern ist, Phantasien in meine Wirklichkeit zu überführen, von der ausschließlichen Idee, Einbildung, nenne es Überspanntheit, Hirngespinst, Wahnvorstellung oder Idiosynkrasie, in *Dir* zu leben. Gewiß, einmal, es war im Jahre 2020, träumte ich nachtens deiner, daß Du auf meiner Couch saßest, bekanntest, Du seist eine verdeckte Ermittlerin und mußtest Dich, um einen Ring von Drogenhändlern auffliegen zu lassen, mit großem Ekel einer dieser widerlichen Gestalten hingeben, also mir untreu geworden seist, vielfältige wortreiche, ehrlich gemeinte, ich wußte dies in diesem Traum, Entschuldigungen und Abbitten deinerseits. Doch ich mußte Dir nicht verzeihen, weil ich wußte, daß ich Dich liebte, worauf das erste und einzige Mal in einem Traum *herrliches Glück*, wie ich notierte, wir genossen. Aber nicht davon will ich schreiben, sondern von zwei Vorstellungen, wie ich *Du* war:

Wie ich in einem Restaurant saß, nachdem ich aus einem Katalog Dich, deine Gestalt ausgewählt hatte und so in deinen Körper geschlüpft, für zwei Tage gewissermaßen Dich geliehen, mir gegenüber eine der anderen, die mich stets bezaubert, zwei kurze Tage, in denen ich alles genießen mußte, ich also auskosten wollte das Leben in dem Leib dieser jungen Frau mit den taillenlangen goldroten Haaren und den wenig entwickelten Brüsten, den langen Beinen, den schmalen Lippen, die im Katalog oft etwas verkniffen wirkten, ernst und introvertiert. Nein, nicht zu weiblich wollte ich sein, wegen deiner Nachdenklichkeit hatte ich Dich gewählt, auch wegen der Haare, weil sie Kopf und Oberkörper Schwere gäben, ich diesen einhüllen könnte, den Busen verstecken; wie aber, als sie uns in diesem Restaurant als Aperitif die männlichen Ergüsse dreier Kellner servierten, mich seltsame, fremde Gedanken überkamen, deine Gedanken vielleicht, die Du noch wirktest in diesem Körper, daß da doch ein Ziehen in *meinem* Körper, mich fragend, wie oft dieser in seinem Leben die wachsende Erregung eines Mannes beobachtet, selbst mit Hand oder Mund an ihm tätig geworden sein mochte, und meine Gedanken weiter abschweiften, wie dieser Umwandlungsprozeß ablaufe, ob ich nur eine Kopie dieses Körpers besäße und daß die alte Besitzerin, also Du, jetzt vielleicht körperlos sei. Man hatte uns dies zwar erklärt, daß unsere ursprünglichen Körper in irgendwelchen Hallen gelagert seien, da sie nicht ohne unser Bewußtsein in der Wirklichkeit bestehen könnten, wir also gleichsam aus dem Verkehr gezogen seien, da eine Verdoppelung des Bewußtseins in zwei unterschiedlichen Körpern unmöglich sei. So meine Unsicherheit, ob dieser Körper, wenn es denn der deine, Männer geliebt habe, ob ich in einen Kunstkörper, der nur für mich modelliert worden wäre, geschlüpft, einen Avatar, der jenem nachgebildet, oder mein Gehirn in den, der schon vorher als dieses Wesen existiert hatte, transferiert worden war und so wie dieser reagieren würde, mich wundernd, gar befremdet war, daß ich nicht einmal Rudimente deines Denkens und Fühlens in mir fühlte, unwissend ob der Anteile der beiden Geschlechter, die ja alle Menschen besitzen, und wie es tobte in mir in der Liebe zu Dir als Weib, dem Begehren, dich zu erobern, daß ich zwar keine Scheu, das Sperma der Fremden zu schlucken, das meine Gefährtin mit Hingabe zu sich nahm; wie doch alles mir entglitt, dein Körper sich mir entzog, als die Geliebte, die mir gegenüber saß, mir gestand, daß die alte, konventionelle Frau in ihr obsiegt und nicht mich als Frau lieben könne, weil es sie im Inneren zerreiße, und daß sie einen Mann zu sich kommen lassen wolle, und wie ich aufstand, durch die Tür in die laue Nacht, und wußte, daß es nicht meine Heimatstadt war, wie ich geglaubt hatte, im Wissen, daß mir noch achtzehn Stunden blieben in Dir oder, wer weiß, ich als Einsame in Dir gefangen sein würde.

Oder, mein zweites Erlebnis in Dir, als ich aufwachte in einer unbekannten Wohnung, nachdem ich durch eine Explosion, die ich nicht erklären konnte, in *Dich* verwandelt war, ganz sicher, daß es dein Körper, wie ich ihn oben beschrieb, mit mir eine andere der Geliebten, nach der ich des häufigen verzückt gewesen, das Glück zu fühlen, daß da keine Täuschung, daß Gesicht, Haare, Brüste, als ich mich im Spiegel betrachtete, echt waren, mir gehörten. Als wir uns von dem ersten Schock, gemeinsam in eine fremde Welt versetzt worden zu sein, erholt hatten, nachdem wir aus einer Höhle gekrochen, auf verschlungenen Wegen in diese Wohnung, die wohl die meine sein mußte, gelangt, gedachten wir, daß wir unsere Umgebung untersuchen müßten, unsere Identitäten erkunden und gemäß ihnen leben, soweit es die Umstände zuließen, daß wir zunächst unsere Adreßbüchlein durchsuchen müßten, eine Freundin anrufen, auch wenn in unserem Gedächtnis keine vorhanden war, weil wir mit unserer alten Erinnerung lebten nach dieser Wandlung durch dieses Gewitter, aber daß wir doch sicher Kontakte hätten in diesem Unbekannten, auf die wir uns natürlich nicht besinnen konnten, wir andrerseits Namen besaßen, Cristina von Manstein ich, Ausweise mit dem Aufdruck DEUTSCHES REICH. Die Erinnerung, die nur eine Illusion oder Wahnvorstellung gewesen sein mochte, an diese Explosion suchte uns immer wieder heim, und kurios genug, daß ich immer *Du* war, (denn mehrmals trug sich sich dieses Ereignis der Wandlung in *Dich* zu in diesem Universum), aber nach dem Erwachen manchmal nicht mit Petra, sondern einer Maya in diese fremde Welt geworfen war, jedenfalls die Überzeugung, daß es eine unwiderrufliche Versetzung in die neue Lebenslinie sein würde, weil es eine Sache ist zu träumen, eine andere, ganz augenscheinlich in Fremdem und in der Fremde zu erwachen. So mir und dieser Freundin die Herausforderung, wo wir gestrandet seien. Aber ich hatte keine Geschichte in diesem Jetzt, diese Wohnung besaß keinerlei Vertrautheit, keinen Teil meiner selbst, *tabula rasa* in *deinem* Körper, der mir nur eine Hülle, so viel ich nach Erinnerungen suchte, so von diesem keine Hilfe erwarten konnte. Und es war stets eine ähnliche Umgebung, Straßen, als ob alles hundert Jahre zurückläge, eine quietschende Straßenbahn, eckige dunkle Automobile auf Kopfsteinpflaster, Männer mit Zylindern, lange Röcke der Frauen, immer wieder eine ähnliche Vergangenheit, aber gewiß meine Heimatstadt, und in der Wohnung jedesmal eingebrannt in meinem Gedächtnis ein altmodischer gußeiserner Kohleherd, die Schränke aus massivem Holz, das Bild eines Monarchen im Zimmer, FRIEDRICH V. las ich unter ihm. Wie ich meinen neuen, deinen Körper zu erkunden suchte, ich dann weibliche Gesten versuchen würde zu imitieren, den schmelzenden Blick der Verführerin, mit meiner Zunge spielte, erotische Gefühle, als ich sie um den Mund kreisen, meine Haarspitzen die Brüste kitzeln ließ, nicht noch mehr Einzelheiten will ich aufzählen. Ob es zu intim ist, zu erzählen, daß wir stets, ungeachtet ob es Petra oder Maya war, unsere Körper erkundeten, zu natürlich diese Reaktion, wie ich so mutig war, ihr Zögern zu überwinden, wir uns auf diese Weise gegenüber gesessen waren, beide die Beine leicht gegrätscht, daß sich auch unsere Öffnungen streichelten, daß sie dabei gewesen waren, sich im Kuß zu überlappen, ich mit Kreisen und Reiben beginnend, sie zu verführen: Glaube mir, Cristina, daß ich deinen Körper nicht mißbrauchte, auch wenn meine Bewegungen anfangs unbeholfen sein mochten, von meinem männlichen Fundament des Verhaltens geprägt, aber wir konnten uns erfüllen, auch wenn wir nicht wußten, wie sich unser Geschick in diesem Universum, das von einem FRIEDRICH V. regiert wurde, gestalten würde. Aber wir waren uns sicher, daß wir ein Paar blieben, uns liebten als Frauen, selbstbewußt zu uns stehend, auch wenn es ungemäß in dieser Zeit wäre, und wir wollten uns kleiden als Damen, um nicht aufzufallen, wenn wir die Wohnung verließen, hoffend, uns angemessen auszudrücken, wenn wir in diese seltsame Gesellschaft eines *Reiches* hineingingen. Aber ich bin jetzt hier und nicht mehr Du, sonst könnte ich diese Zeilen nicht hinschreiben, und mein Ich in deinem Körper wird in dieser parallelen Geschichte weiterexistieren, unerreichbar, und ich weiß nicht, welche Rolle *Du* dort ausfüllst mit deinen Gedanken; sicher wohl, daß Du meiner nicht gedenken könntest, weil wir uns nie begegnet wären, und ich, nach welcher Cristina sollte ich suchen in dieser Fremde?, und so sind dies alles müßige

Spekulationen. Ach Cristina, so meine Wandlungen in Dich, daß ich ganz zu Dir wurde, immer ersehnend, daß
Du eines Tages in meine Wohnung kämst, dich auf meine Couch setztest, mit drei Griffen, zunächst am Bund, dann am rechten Ärmel und der Schulter einen fliederfarbenen Rollkragenpullover mit weißem Besatz am Halsansatz und mehreren schwarzen und violetten Rautenmustern, wie ich ihn kannte von deinen Bildern, auszögest, ebenso ein kornblumenblaues Hemdchen, wie ich es auch besitze; dann, kaum deine Position auf der Couch verändernd, am Knopf deiner fast schwarzen Hose mit den dezenten hellen Streifen nesteltest, aufreizend zögerlich mit den Daumen in den Bund tastend, dabei fest mich ins Auge fassend, erstarrt beinahe deine Gesichtszüge, bis Du doch aufständest, die Jeans deine Pobacken freigebend, irgendwo deine Augen auf einen Punkt ins Zimmer hinein und stocktest. Die Zeit hielte ein, Stillstand, als Du mit dem Stoff bis zu den Knien heruntergerückt wärst, flüchtige, lauernde Blicke auf mich von der Seite, dann dich wieder auf der Couch niederließest, daß mir jetzt erst auffiel, daß das Grau und die schwarze Grundtönung sich in fast gleich breite Streifen von mehreren Zentimeter teilten. Und daß Du versänkest in dich, grübelnd, ob weiterzugehen, auf die Lippen bissest, dann, Dich etwas vornüberbeugend, ein Ruck zunächst am rechten Bein, dann, ganz schmal die Augen werdend, auch das linke befreiend, bis Dich, die Hände vor dem Unterleib, dem noch ein schwarzer Slip, wie ich ihn von meinen früheren Betrachtungen kannte, überkreuzend, kein Büstenhalter mehr wie auf den Bildern, wiewohl jegliche andere Bewegung exakt die früheren wiederholt hätte, leicht ge-

neigt den Kopf nach links, nie hatte ich einen fesselnderen, bannenderen, anziehenderen Blick in mich dringen und drängen erfahren, nur rote Lackstiefel bekleideten. Ich möge wissen, daß dies nicht ihre Natur sei, beinahe entschuldigend. Sie sei nicht mehr das unsichere Mädchen von damals, sei fast zwanzig Jahre älter geworden, und jetzt müsse sie einmal Frau sein und *ich* dürfe mich nicht in *sie* imaginieren. Was zögere ich, mich ihr hinzugeben? Da sei sie, allein und lebendig, und sie sei aufgeregt und erleichtert, daß endlich die Rollen stimmten und mein immerwährendes Geistesbild, sie zu sein, verblasse, werfend den schwarzen Slip von dir und auf mich.

Und ich träumte, daß vor einem großen Umzug, weil ich mutmaßlich mit Dir, Cristina, zusammenziehen und dich heiraten werde, meine Katze schwer krank wurde. Meine Mutter spottete und ignorierte ihrer, quälte sie sogar; erpreßte uns, wir sollten für sie kochen und frug bösartig eine anwesende Freundin, ob sie und ich schon miteinander geschlafen hätten. Sie bedrohte uns körperlich, die Katze war in äußerster Gefahr; nur in einem Versteck konnten wir Zärtlichkeiten austauschen.

23.10.2020, 03.08.2022, 27.08.2022

DREIFACHE LYDIA (A-Dur)

I Presto assai

Wie dein Blick mich festhielt, wie es so ist, wenn einen eine Erinnerung, ein déjà-vu, überkommt, als wir vor der Rolltreppe zum Bahnhof beinahe ineinander gerannt wären, daß ich schon wisse, wie ich dich damals unterrichtete, *Lydia Catalina*, dieser zweite, römische Vorname, daß du mir kaum aufgefallen warst, wie auch, wenn so viele junge Menschen vor mir und weil du irgendwie schweigsam warst, ich könnte noch deine Noten nachschlagen, aber daß dir mein Name nach diesen, waren es zehn, Jahren noch eingeprägt, warst du nicht dunkelhaarig?, natürlich ein kurzes Überlegen, doch damals, Lateinkurs, nicht wahr?, ach, auch in Deutsch?, natürlich, in der Mittelstufe, daß mir natürlich der Nachname entfallen, *wait a minute*, immer noch dein Blick mich mehr als nur festhaltend, Verlegenheit, wohin also?, daß ich noch Du sagen dürfe?, sie wolle jetzt mit mir eine Autofahrt unternehmen, einfach irgendwo hin, eine schnelle Fahrt ihr im Sinn, sie habe gerade eine Prüfung hinter sich, Biopsychologie, da müsse sie die Spannung herauslassen, sie hätte auch Lust, mit mir zu trinken, aber erst Geschwindigkeit, um abzubauen, ich verstehe wohl, da dränge so viel aus ihr heraus, das Studium halte Seele und Geist gefangen, schnell hinunter zum Fluß, da stehe ihr Auto, meine Hand ergreifend, ein Schock, zu heiß, was in ihr jetzt sich begebe, wisse sie auch nicht, da ihr erster Wagen, ein roter Alfa Romeo, etwas bedauerlich, daß ich keinen besitze, dann könnten wir ein kleines Rennen veranstalten, und nach wenigen Minuten wir auf einer fast leeren Autobahn, es sei wirklich wie in einem Kitschroman, damals sei ich ihr etwas zu abgedreht gewesen, weil ich versucht hätte, wie die Jugend zu sein und in einer anderen Realität zu leben, vielleicht sei *sie* es jetzt, die in eine andere Wirklichkeit geschleudert worden sei, natürlich habe sie einen Freund, aber manchen Mädchen seien die Gleichaltrigen zu unreif, hatten wir nicht im Unterricht eine Geschichte gelesen, in der sich eine in einen wesentlich Älteren verliebe, der, wie beide nicht wußten, ihr Vater gewesen, und waren die beiden nicht Bild und Spiegel in einem, zeigte jeder Blick in den anderen ihnen sich selbst? Daß sie sich daran noch erinnere! Hundertachtzig Stundenkilometer seien genug, also in meine Wohnung?, so du, und ein kurzer Halt. Wenn nur dein blauer Blick nicht so in mich dränge, wenn doch nur der Träger deines Büstenhalters nicht aus deinem Hemdchen herausspränge, wenn du nicht auf dem Sitz so weit herunterrutschtest, daß dein schwarzer Rock heraufkröche und einen lachsfarbenen Slip enthüllte, aber daß du wenigstens nicht, wie in einem billigsten Film, deine Hand im Schoß kreisen ließest, aber wenn ich nur aus diesem Kitschroman entfliehen könnte, so froh, daß du den Motor wieder startetest, ich möge ihr doch den Weg zu meiner Wohnung zeigen. Und daß wir dann, als wir angekommen, doch ein wenig zauderten, nein, es sei nicht der Gedanke an ihren Freund, sondern die Scheu, nicht nur Fremden gegenüber sich entblößt zu zeigen, und daß wir dann Spielkarten zogen, die bestimmten, wer zuerst ein Kleidungsstück ablegen müsse, Schuhe zählten nicht, und daß ich zunächst zweimal verlor, so sie mir Hose und Slip abstreifte, ich verlegen ob meiner Erregung, bis ich mit dem Herzkönig ihren Büstenhalter aus dem

Oberteil herausschob, und daß abwechselnd mein Hemd, ihr Oberteil und mein Unterhemd fielen, so daß ich als erster entblößt war, und daß ihre Zunge brutal in mich drang, daß ich glaubte ersticken zu müssen, während sie ihren Büstenhalter über unser beiden Köpfe zog, sie, immer noch mit dem schwarzen Rock, gierend danach, uns so ganz eng aneinander zu fesseln, nein, ich wolle noch nicht ganz in dich, und daß ich dann unter ihren Rock kroch, rasend in ihren Liebesteich, das habe ihr Freund nie gewagt, was eine Zunge alles vermag!, und daß ich dann es geschehen ließ, daß sie, die immer noch im Rock, mich auf die Couch warf.

II: Andante misterioso
Wie es wunderlich ist manchmal, wie man sich begegnet, als ich in einem mir unbekannten Ort, genau erinnere ich mich noch an die schmale, abwärts führende Gasse mit dem Kopfsteinpflaster, die schmucke Fachwerkhäuser säumten, auf sie traf, die mich fast schon anfaßte, daß ihr großer schwarzer Jagdhund mich beschnupperte, obwohl ich stets vor jeglichen Hunden zurückschrecke und gegenüber Fremden stets etwas Distanz wahre, ich aber wagte, ihm über seinen Kopf zu streicheln, wie deine Hand sofort über ihn wie mich strich, und wie ich mich nicht zurückzog, alles außergewöhnlich wunderlich, du, die mir nur bis zu den Schultern, lange, ganz schwarze Haare bis zur Hüfte, reichtest, vielleicht daß mich dein schlichtes, weißes, bodenlanges Kleid mit dem gezackten Lochmuster anzog, aber eine Berührung nach wenigen Sekunden auf offener Straße, eher ungewöhnlich für mein scheues Naturell, und wie der Hund mich vertrauensvoll ableckte, es sei

ein ungarischer Hirtenhund, Augustus, sie Lydia, Lydia Kahl, eigentlich, da sie geschieden, Kahl–Steinbrecher, Augustus sei ihr bei ihrer Krebserkrankung der einzige treue Freund gewesen, und auch wunderlich, daß mich solches nicht als das oft weitschweifige Erzählen mancher Frauen langweilte, daß sie mich nicht betrübte mit diesen Erzählungen, die keine Klagen waren, während wir weiter in Augustus' Fell kraulten, nachdem wir uns auf einer Bank auf dem Marktplatz dieses Ortes, den, wieder ich mich über diese Wirklichkeit wundernd, ich ganz gewiß nie zuvor besucht, niedergelassen hatten, in der ich aber fest verankert und mich aufgehoben spürte, daß es mir das Natürlichste war, daß ich vergessen, über welche anderen Themen wir uns sicher eine Stunde unterhielten, als sie plötzlich, ohne sich zu verabschieden, hinabging in die schmale Gasse und in einem Haus, das unweit meiner Wohnung entfernt, wieder wundersam, daß diese mir nicht als meine im Gedächtnis, gleichwohl mir Schlüssel zu ihr, verschwand. Befremdend, wie ich in meinem Briefkasten ein Photo von ihr und dem großen schwarzen Hund fand, wo wir uns doch gerade erst getrennt hatten, ich ihr auch weder meinen Namen noch meine Wohnadresse genannt hatte, und ähnlich befremdend, daß diese Aufnahme, die keine außergewöhnliche Situation zeigte, sondern auf der Lydia in einem Park neben Augustus kniete und mit ihren Haaren seinen Rücken umhüllte, mich zutiefst anzog, ja stark sexuell erregte.

Ob ich träumte, sie betreibe auf einem kleinen, abgelegenen Platz hinter dem Zentrum einen kleinen Laden mit selbstgebastelten Figuren, Schnitzwerk, Tassen, Spielzeug? Sei es nicht noch wunderlicher als alles Geschilderte, daß ich um dieses

Geschäft herumschlich und nicht wagte, es zu betreten? Und ist es nicht noch absurder, daß mein Bewußtsein mich zwar in der nie gesehenen Wohnung erwachen ließ, aber die kleine Stadt in vielen Kleinigkeiten verwandelt sah, statt ihres vermeintlichen Ladens ein Bekleidungsgeschäft, die Parkbank gewiß die nämliche, doch die Straße zu unseren vermeintlichen Wohnungen aufwärts statt abwärts weisend? Bizarrer noch, daß ich mich, obzwar ich kaum etwas von ihren Gedanken während unseres Zusammenseins bewahren kann, *sehr zu ihr hingezogen fühle*, gleichwohl es sofort als leere Phrase konstatierend, wie ich im jetzigen wachen Zustand notiere. Zu wem, zu welcher Lydia, Mitte fünfzig, einen Meter sechzig groß, hüftlange schwarze Haare, der ein Hirtenhund namens Augustus?

III: Scherzo Allegro
Plötzlich, wie aus dem Nichts, war da Jasmin, obwohl mir nie im Leben eine Jasmin begegnet, dürfe sie vorstellen mir ihre Freundin Lydia Fröhlich, und schon war sie wieder verschwunden. Seltsames geschehe zuweilen, so Lydia, war da nicht eben noch jemand?, verwirrt waren wir beide, ich stotterte meinen Namen, eine Freundin Jasmin habe sie nie gekannt, aber genau habe gehört sie, wie jemand sie vorstellte als Lydia Fröhlich, das sei sie wirklich, und da stünden wir nun auf der Straße, etwas verlegen sei sie schon, skurril sei es doch, daß aus dem Nichts man stoße auf einen wie mich, es gebe ja manchmal Konstellationen, Auren, was rede sie da, aber irgend etwas müsse sie sagen, wenn solches Bizarres begebe sich ihr, eine, die nie eine Freundin war, ihr einen Mann anbiete. Viel geistreicher könnte auch ich nicht sein, nachdem

ich meinen Namen wiederholte, als daß ihr Kleid mich entzücke, ja ich sagte *entzücke*, kornblumenblau und diese himbeerroten Streifen, die schmäler wurden nach unten, harmonisch dazu ihre leicht gelockten schwarzen Haare, die sich um das oberste rote Band über der Brust wanden, daß Schwarz und Blau und Rot meine bevorzugten Farben, was rede ich da, aber viel Weiseres komme ihr auch nicht in den Sinn, daß sie Männern erst in die Augen schaue und auf ihre Stimme höre, die geistigen Auren erwähnte sie schon, und verrückter sei doch das Buch, das sie gelesen, die Namensgleichheit könne kein Zufall sein, das sei doch von mir?, das sei doch verrückt, da müsse sie mich einfach küssen, und es war mehr als ein flüchtiger Hauch, ihre Zunge machte mich wanken. *Ein Hauch wird Gipfel, Ton und Stimme fügen sich. Dum taces clamas.* Petitessen, ich ganz verlegen, was sei dies schon, aber schön, daß es ihr so plaisiere, und nun? In unserem Alter verbiete es sich, daß man frage, zu wem wir nun gingen, andererseits, sie werde immer verrückter, sie wohne wenige Straßen entfernt.

Und dann standen wir in ihrer Küche, einigermaßen ratlos. Sie wolle es einfach einmal versuchen, daß wir würfelten, wer dem anderen zuerst eines Kleidungsstücks entziehen dürfe, eine blasse Reminiszenz an eine andere Lydia, obwohl beide so unterschiedlich, daß diese dreißig Jahre älter, aber zögerten mit den Würfen viele Minuten, immer gleichzeitig einen Schluck Wein zu uns nehmend, und wieder, wie ehedem, verlor ich zweimal hintereinander und mein Unterleib war entblößt, und sie achtete dessen nicht, und wir blieben unbewegt stehen und nur unsere Stirnen küßten sich, und als ich beim dritten Wurf gewann, warf ich ihren Slip auf den Boden zu meinem, und als ich wieder zweimal die niedrigeren Augen warf und nur noch im Unterhemd vor ihr stand, nahm sie meine Erregung und klemmte sie zwischen meine Schenkel, und nach meinem nächsten Gewinn zog sie ihr Kleid aus und streifte es mir über, damit eine gewisse Gleichheit sich ergebe, und holte aus einer Schublade ein täuschend echt wirkendes Kunstglied, das sie an sich heftete, auch wenn ich sie für völlig verrückt erkläre, ich möchte ihr jetzt diesen Dienst erweisen und bat mich auf meine Knie und führte meinen Kopf über es, und ich vollzog diesen Akt mit ungestümer Gier, nahm es ganz in mich hinein, schluckte und schlang es, und alle Zeit ging mir verloren, und ein süßer Schwall, wie Ananas, in meinem Mund, und sie führte das immer noch sich ausgießende Instrument um mein Gesicht, daß ich jetzt von ihr gezeichnet sei, und kein Stöhnen oder Laute der Erlösung, das sei für heute genug, der Orgasmus vergeude die Energie, gelernt habe sie, diese zu zügeln, gerade bei unserer ersten Begegnung, darauf einen größeren Schluck Wein, und als Zeichen, daß sie es ernst meine, schenke sie mir ihren Büstenhalter bis zum nächsten Treffen, denn morgen müsse sie eine Freundin besuchen, wirklich eine Freundin, und ein Abschiedskuß an ihre gigantischen Berge.

Und zwei Tage später wußten wir, wir hatten das nicht geträumt, und es war nicht gewesen ein flüchtiger Akt, ein einzelnes Bild nur erfüllte den Raum, daß ich liebkoste Lydias rechte Erhebung.

02.08.2022, 19.09.2022, 05.10.2022

JULIA (a-moll)

Daß ich in meiner Heimatstadt mit einem achtzehnjährigen blondgelockten Knaben, einer Zaubergestalt aus einem Märchen oder einem Kitschroman, spazieren ging, die Veste, das Wahrzeichen der Stadt, lockend uns in der Ferne, und daß die heitere Frühlingsluft uns auf die Wiese warf, ohne zu zögern, wir ineinander verschlungen, uns der Kleider entledigten, verträumt und scheu unsere Berührungen, doch findend schnell die Diener unserer Sehnsüchte, und daß die Hände sich um die Erregungen schlossen, ich, der Mutigere, ihn auf mich setzte, dürstend, ihn aufzunehmen, als du, Julia, in einem luftigen Kleid über uns standest, er dich als seine Halbschwester vorstellend. Ohne zu zögern, ohne seine Blöße zu verbergen, trat er hinter Wie ich in dich, Julia, verwandelt, mit meinem Halbbruder in einer fremden Stadt, in der Ferne eine Burg, an einem lauen Frühlingstag, uns heftiger denn je begehrend, auf einer Wiese lag, er wie trunken jeden Punkt meines Körpers bedeckte, mich nicht mehr loslassend, als ob er in mich hineinwachsen wolle, immer tiefer, immer gierender, dabei von mildester Zärtlichkeit, immer durstiger, so daß ich immer hungriger wurde, von ihm durchwandert, durchpflügt, durchstoßen zu werden, daß er zusammen mit der Sonne mich durchleuchte. Ruhig legte er sich auf den Rücken, hieß mich, rittlings über ihn zu knien und mit meinen Fingern von der Basis seines Penis nach oben zu gleiten. Ganz langsam ließ ich mich nach unten sinken, bis sein Glied direkt an der Öffnung meiner Vagina

mich, bat mich, bereit zu sein, hieß dich, vor mich zu treten, aber nur so weit, daß mein Glied dicht vor deinem Schoß einhielte und betrat mich ohne ein weiteres Wort. Ich solle Julia fassen, tasten, küssen, aber dürfe nicht in sie dringen. Nie hatte ich die Lippen einer Frau verlangender, verzweifelter verschlungen, wir verbissen und vertilgten uns, schrien, flehten, bettelten, uns Erlösung geben zu dürfen, mein Glied taumelnd um Julias Hügel, doch der eben noch so romantische Knabe hielt mich mit einem Arm umklammert, stieß mich weiter und schoß sich in mich. Sogleich ließ er uns fallen und kleidete sich an.

sich befand, und er zog mich, allen Regeln der tantrischen Liebe folgend, daß ich kaum das Einsinken spürte, in sich, und wir verharrten regungslos. Da stand ich selbst plötzlich neben unserem Standbild, nur mit einer Art Tunika bekleidet. Mein Bruder riß sich aus mir, endlich seiest du gekommen, küßte dich flüchtig, warf dich neben mich auf den Rücken, zwängte dir die Beine auseinander und drang in dich. Langsam sich beschleunigende, mechanische Bewegungen, als verkehrten Maschinen miteinander. Mich anherrschend, Befehlston, ich solle mich entfernen, dies sei Männersache, und als ich erstarrte, ein brutaler Stoß seines Arms, und ich raffte mein Kleid und floh.

20.04.2019

TROIS RÊVES (A-Dur)

Für Franz K.

Wenn man sich an einem trüben Abend entschlossen hat, zu Hause zu bleiben, *sich schon mit dem Nachtgewand gekleidet*, nachdem man selbst das Nachtmahl ausgelassen, man nicht in der Verfassung ist, irgend einem Buche sich zu widmen, weil Langeweile und Ödnis einen überkommt, selbst das belangloseste Gespräch mit der Gemahlin zu beginnen, und wenn es dann plötzlich läutet, ein fremder Mann die Wohnung betritt, dem die Ehefrau um den Hals fällt, beide sich, ohne daß einem Einzelheiten gewahr zu beschreiben, in raschestem Tempo entkleiden und unverzüglich mit der geschlechtlichen Vereinigung beginnen, die sich in aller Stille vollzieht ohne jegliches Stöhnen oder Kreischen, als wohnte man einem Stummfilm bei, gleichwohl man mit einer abgestumpften Neugier diesen natürlichen Prozeß überwacht, als seien es Fremde, die sich da paaren, der in nur wenigen Minuten abgeschlossen ist, der Fremde sich ankleidet, und wenn man stumm, ohne jegliche Regung observiert, daß er auf dem Gesicht der Gemahlin mehrere Kleckse seiner Männlichkeit hinterlassen, und wenn man in *einem gewissen Unbehagen* sich zum Ausgehen umkleidet, ihr *weggehen zu müssen erklärt*, einen durchaus empfindsamen Kuß auf die klebrige Nässe gibt, der durchaus geschmackvoll mundet; *wenn man sich auf der Gasse wiederfindet*, mit Leichtigkeit, fast tänzerisch hüpfend über das nasse Pflaster, und wenn man fühlt, *wie eine schnellste Veränderung leicht zu bewirken ist*, und, nachdem man in einen dunklen Park sich gewendet, man am Rande eines Erdlochs zwei Hände bemerkt, die versuchen, sich aus diesem Abgrund herauszuziehen, man natürlich hilfreich ihr Unterstützung gewährt, dann einer Frau gegenübersteht, die den Spaziergänger gewiß zwei Köpfe überragt und die in aller Hektik einem die Kleidung vom Leib reißt, man sich ohne Widerstand zu leisten auf den Boden drücken, es mit einer gespannten Neugier geschehen läßt, daß die Fremde in die Hocke geht, das Glied, von dem man unsicher ist, ob es das eigene ist, in sich einführt, und daß man bei dem klammen Wetter und auf dem nassen Gras liegend froh ist, in wohliger Wärme aufgehoben zu sein, auch die feuchten Küsse, die etwas modrig schmecken, durchaus genießen kann, und man, als die das Tempo ihres Stoßens Beschleunigende einen noch tiefer in das Gras preßt, gerne den unvermeidlichen Erguß noch etwas zurückgehalten hätte, der Natur aber trotzdem nachgibt, weil man selbst weiß, *ganz fest ihr hinten die Schenkel schlagend, daß man sich zu seiner wahren Gestalt erhebt* und so alles, was sich im Körper eines Mannes an Lust gesammelt, ihr mit Bereitwilligkeit und echter Hingabe schenkt, die sich wortlos erhebt und in der Dunkelheit verschwindet. *Und wenn man zu dieser späten Abendzeit einen Freund aufsucht, um nachzusehen, wie es ihm geht*, in seiner Wohnung viele Hunde vorfindet, Meerschweinchen, die voller Gier Korrekturflüssigkeiten in sich schlingen, einen Kater, der gerade eine Katze begattet, mit ihm eine Flasche Wein leert und ihn bittet, ob des sich verstärkenden Regens bei ihm übernachten zu dürfen, was dieser bereitwillig gewährt, weil es ein guter Freund ist, und wenn, nachdem man am nächsten Tag in die Wohnung zurückkehrt ist, von der Gemahlin erfährt, daß sie wahrscheinlich schwanger sei, dann verstärkt sich das Glücksgefühl, daß man endlich aus dem Gewöhnlichen, *das ins Wesenlose abschwenkt, ausgetreten ist*, das sich noch steigert, nachdem du aufwachst und dich erinnerst, daß du alle drei Erlebnisse in *einer* Nacht versammeln konntest.

18. / 19.05.2022

ALEXANDRA (G-Dur)

Ich, während du schon im Schmucke der Braut,
Fürstlich geboren, vermählt deinem Stamme
Solltest du werden, wurde vom Hofe betraut,
Zu lesen aparte Fest-Epigramme:

Sind alle Gipfel vermummt,
Finde dein Glück in dir,
Wenn alle Vögel verstummt.

Wenn alles lärmt und schreit,
Vollende im Abseits
Du bist dir alles,
Du bist bereit.

Niemandem zeigen
Niemals des Himmels Schweigen
C'est la gloire du noir.

Zagend dein Klopfen an meiner Türe
Wie könne sie danken betörenden Musen;
Wie nur dein Brautkleid ganz mich verführe,
Spitzen, die mühsam deckten den Busen.

In uns verlierend Abgrund der Küsse,
Eins wir uns schmelzend, nur diese Nacht,
Wenn sie der Freiheit Adieu müsse
Sagen, weil über ihr anderer Macht.

»Einmal noch leben, bevor mir erstürbe
All was ich sehne, mein Flehen verdürbe:
Sei mir der Eine, der um mich würbe!«

Dies war die hohe Nacht der Prinzessin Alexandra von X. vor ihrer Hochzeit mit dem Grafen von Y. am nächsten Tag.

07.12.2021

ANNA (G-Dur)

Wie du mich einfach umhalstest bei diesem Abschiedsfest: In aller Öffentlichkeit, daß alle es wahrnahmen, du warst ein Jahr im Ausland gewesen, wie auch ich kaum dich loslassen konnte, und wie so nah deine erhitzte Wange, aber daß du damals noch nicht einmal achtzehn gewesen, nein, es durchfuhren mich nicht die Sehnsüchte eines senilen *senex*, sondern die Freude, von einer Jugendlichen so anerkannt, ausgewählt, ausersehen zu werden, aus dem Herzen, so kitschig es auch klingen mag, heraus.

Und wie zwei Monate später am Tag des Abschlußballs ein Wesen aus einer anderen Welt: Daß dies wirklich ein Brautkleid, eher kurze Stäbe an der Schnürung, ein überwältigendes dunkles Blau, Kobalt, Nacht, in dem Türkis schimmerte, *petrol* vielleicht die exakte Farbe, changierend je nach Einfall des Lichts, die Schultern bedeckend, am Rockteil zwölf rosafarbene Rosenstickereien, in Gruppen zu dreien versetzt angeordnet, drei Linien von Rosen, die von innen nach außen wanderten, ein ähnlicher Besatz am eher schmalen, gerade geschnittenen Dekolleté, je acht Rosen, kleiner als die am Rockteil, rahmend das Korsett, während am Ausschnitt zwischen den Brüsten zwei Reihen von je acht eher rechteckigen, schleifenförmigen Ausschmückungen im gleichen rosefarbenen Ton befestigt waren. Und der ausladende Reifrock, an der Rückseite mit einer kleinen Schleppe, entsprang dem 18. Jahrhundert, Madame Pompadour mochte solches getragen haben. Sie habe lange mit ihrer Schwester Anziehen und Bewegung geübt. Alle Blicke, größtenteils mißbilligend, auf sich ziehend, wie sehr die jungen Damen sich auch herausgeputzt hatten, als du den Saal betratest. Du warst eine andere, eine Einzige, die vollkommen war.

Und wie ich dich auf die Tanzfläche führte: Zunehmendes, fast bösartiges Getuschel. Rock 'n' Roll sei natürlich unmöglich, aber sie habe eine Pirouette geübt, wenn ich sie bitte an der Hand führe. Und ich drehte und schwang dich herum, und was empörten die anderen sich, alles sei doch ganz züchtig, wir berührten uns doch kaum, aber barocke Tänze habe sie leider in der Schule nicht gelernt, sie wisse nur, daß man sich im Raum bewegt und Figuren getanzt habe; eines habe sie gelesen, wie man sich mit den Händen führe, indem der Herr seine Hand mit der Handfläche nach oben anbiete, in die die Dame ihre Hand mit der Handfläche nach unten lege, worauf wiederum der Herr seinen Daumen setze.

Und wie ich dich in dieser Haltung, ganz langsamen Schrittes, in die Sommerluft führte: Das Klingeln deines Mobiltelephons; daß sie solches beinahe erwartet hätte, Dutzende von Kurzbotschaften, Schlampe sei noch ein gemäßigter Ausdruck, daß sie mit ihrem arroganten Aussehen und Auftreten den Charakter und die Stimmung des Festes verderbe, sie solle sich schämen, mit einem solchen Greis, der vorgebe, ein Jugendlicher zu sein, sich in den Mittelpunkt ihrer Feier stellen zu wollen. Daß jene sie natürlich haßten, weil sie diesen glänzenden Abschluß erzielt und daß sie ihr intellektuelle Arroganz vorwürfen, natürlich wolle sie sich über Wesen, die sich alle ähnelten in ihrer Dumpfheit, erheben, aber an mir erkenne sie, daß ich sie mehr als nur wegen ihrer Klugheit schätze, auch wenn sie als Frau so unscheinbar wirke, aber daß ich sie jetzt wegführen möge von diesem schrecklichen Ort.

Und wie ich dann, ohne mich um die abschätzigen Blicke zu kümmern, zum Tisch ihrer Eltern schritt: Mich besinnend aller Regeln der Ehrerbietung, das Gewicht auf das hintere Bein verlagernd, streckend das vordere Bein am Boden, mich verbeugend, indem ich den Oberkörper nach vorne neigte, ob ich ihm die bezaubernde Tochter für ein sittsames Treffen entführen dürfe; der Mutter einen Handkuß gebend, wie es den Gepflogenheiten entspricht, und wohl aufgenommen wurden meine Manieren, die ja vergessene Gesten sind, daß ich noch wisse, was sich gehört und er sicher sei, daß Anna wohlbehalten am nächsten Tage nach Hause zurückkehren werde, so der Vater.

Und wie wir aufbrachen, ihre gehässigen Feindinnen einfach ignorierend, zum Bahnhof: Wie gut, daß sie eine dünne, lange Jacke dabei habe, sie habe Angst in dem auffallenden Gewand vor der Zugfahrt; zuchtsam die Haltung der Hände während des Tanzes wieder aufnehmend, gemessen auch unsere Schritte dem schweren Rock geschuldet, der Abstand erzwang, und das Glück des Zufalls, daß nach kurzer Zeit ein Zug einfuhr, der zu dieser nächtlichen Stunde fast leer war.

Was tat ich mit diesem Mädchen, das fast noch ein Kind, in meine Wohnung zu fahren, nein, es ist keine moralische oder juristische Frage, sie ist weder minderjährig noch eine Abhängige, aber gewiß war ich

Daß ich überhaupt begehrt werde, von irgend jemandem begehrt werde, von ihm begehrt werde, und ob er trotzdem nicht von mir läßt, wenn ich ihm entblößte meine Zeichen von beiden Geder erste, der ihr sein Interesse zuwandte, nicht weil mich ihre Zurückgezogenheit reizte, sondern eine seltsame Flamme in mir entzündet; nein, gewiß sie nicht in die Welt des Liebens einzuführen, sondern ihr Vertrauen, mit dem sie sich mir, der wohl der erste war, zuneigte, in einer gleichgesinnten Weise zu erwidern, ein wohl unerfüllbarer Spagat, weil so viele Jahre uns trennten. Fast schauderte mir, als sie sich, so weit es die Gewandung gestattete, an mich schmiegte, einbildend mir, der Duft einer Unberührten umwehe mich, aber wenn es eine *schüchterne Lüsternheit*[1] wollte ich deren Grenzen nicht überschreiten, sondern registrierte: Da ist eine, die sich verloren und nur an mir einen Halt zu finden glaubt, und es schien mir nicht einmal die obig genannte Eigenschaft, sondern eher, daß sie eingeschüchtert von ihrem eigenen Empfinden irgend einer Lust.

schlechtern, unentschieden meine Frisur, von meiner flachen Brust, die weniger als nichts zeigt, will ich gar nicht reden; wenn er nicht flieht, wenn ihn irgendwann meine Zweigeschlechtlichkeit reizvoll anschaut, mich, das unbedeutende Jungmädchen oder Jungenmädchen, mit meinen Knöpfen, die hervorspringen aus dem flachen Land, die doch Rosen sind, die knospend ruhen, aufspringen beim geringsten Anflug, meiner Brache, die umfaßt werden will. Und mir fallen die Zeilen des Dichters ein, der den Frauen abhold gewesen: *Süss flache brust haupt dichtgehaart / Sanft grade hüfte schlanker fuss/ Jungfräulich fremde art – Sind sie nicht allzu zart / Zum liebesgruss.*[2] falls er diese Zeilen kennte, sie verstünde, vielleicht wie der Dichter zurückschreckte vor dem Kuß, weil ihn meine Fragilität zu sehr einschüchterte.

Und wie wir ankamen in meiner Wohnung: Eine Flasche Rotwein und Gläser auf den Tisch stellend, und dann Ratlosigkeit, als wir uns gegenüber standen, starr, an beiden Händen uns klammernd, uns näherrückend, soweit es der Rock gestattete, lange schweigend. Daß wir beide den Mut haben sollten, uns zu entkleiden; die Robe, es sei eine fast getreu nachgearbeitete *Robe Française*, müsse man zunächst von den Metallsteckern nehmen und dann den Stecker entfernen; mit den vielfältigen Bändern der Röcke, der *jupe* und dem Unterrock, könne ich ihr helfen, sie aufzufädeln, und das unförmige Unterteil, das uns trennte, fiel zu Boden. Du mich ziehend an dich, ob ich mich erinnere an diese erste Anfassung vor einigen Monaten, und nur ein Hauch deiner Lippen auf den meinen. Daß jetzt nicht mehr viel fehle und sie werde alle Grenzen überschritten haben, daß wir noch warten mögen mit dem Korsett und Chemise, sie sei aus Leinen, sie bedürfe noch eines Glases und wieder in die Position wie zu Anfang, Hände und Augen sich lange vereinigend. Zwölf im Zickzack geschnürte Bänder, mit etwas Zittern lösend den obersten Knoten, jetzt habe sie den Mut, und du zogst das Unterkleid mit einem Ruck über deinen Kopf, aber im gleichen Augenblick die Hände vor dein Geschlecht faltend, ich bettend meine über sie, ohne den Blick zu ihnen zu wenden.

Hinein nur in dein Gesicht, unachtend dessen, was da unten zeigen mag sich, immer näher zu den Augen, die fassen, greifen, drängen, dürsten, hungern, warten, gedul-

Ich träumte mich vorzustrecken, hochstemmend mit den ausgestreckten Armen hinter mir, mich ihm entgegenzubieten, ganz mich ihm entgegenzubringen, ganz konzentriert, die

dige, zögernde, harrende Augen, zu dem geschlossenen Mund, der bittet, fleht, bettelt, fiebert, sich freut, brüllt, dein fragender, verlangender, gleich aufplatzender Mund, Auge und Mund, die mich lähmen und einsaugen, diese Augen, die erwacht sind, leben, grüßen, einladen, bitten, fordern, so daß kein Entweichen mehr möglich mir, und die Hände, die fesselnd werben, die bittend klammern, die dürstend flehen, die schweigend immer lauter schreien, die verbrennend mich in sich aufnehmen, und doch bewege ich mich nicht.

Augen starr auf den Boden, gegenzustoßen, wo kein Stoß erfolgt, die Luft begatten, endlich Frau sein wollen, obwohl da unten der Höhle Seltsames entgleitet, aber vielleicht doch das Weibliche gebiert, meinen Mund brennen lassen wollen auf ihm wie ein Strahl, das Mal seines Kusses auf meiner Uneindeutigkeit, begehren zu sehen meine alte Unentschlossenheit zu sprengen, mich zu schütteln, das Weib aus mir herauszupressen, doch ihm nicht ins Gesicht sehen will, weil ich Gift für ihn sein könnte, wenn er dies Gedicht gelesen, nein, mein Flügel ist nicht zu leicht, zu ihm rasen zu wollen.

Und wie du auf den Stuhl kletterst, in einer Grätsche die Fußsohlen aneinander pressend: Daß du dir auf die Lippen beißt, klammernd an die Lehnen des Stuhls, wie wenn alles in dir miteinander ringe, die aufgeblähten Backen, Luft zu holen vor dem entscheidenden Schritt über die Grenze, hinter der alles lauern mag, daß du den rechten Schenkelhals gegen die schwellenden Falten drängst, als ob du alles, was aus dir hervorkäme, zurückpressen wolltest, ich wüßte, unser beider Mutlosigkeit, weil du wüßtest, daß ich wüßte, daß du schon weit über das, was du dir zutrautest, hinausgegangen wärst, so daß du mit den Fersen die Anschwellung wieder zurückdrängen trachtetest, und dann wieder die Lippen, die bald platzen möchten, um mich einzuladen, endlich aus meiner Starre mich zu lösen, daß ich sie mit einem Strich meines Fingers zu befreien suchen möge, um endlich in ihnen wortlos zu flüstern, ein Schütteln des Kopfes, und als ob die Haare sich verlängerten und vor das Brustbein sich falteten, ich sie durch meine Hände laufen ließe, unschuldiges Spiel, und Strahlen deiner Augen, weil, umhüllt von deiner Seide, ich endlich verschlungen wäre von deinem fleischigen Sinnen. Und was wir freuten uns zitternd als Kinder des ersten Mals, daß es Mädchenhaare sind, in denen ich wühlte, und wenn ich nur noch mehr Hände hätte, um deine zu lösen, nichts tötender das Begehren als das Zögern, wenn die Spannung so greifbar ist wie jetzt, daß ich die Fersen liebkosen möchte, während dein Strahlen ungesehen von mir über mir, kitzelnd das duftende Haar des Waldes meine Stirn. Und daß ich auf die Knie falle, um dein Leuchten und Glühen und Beben aufzufangen, keine Ablenkung durch wucherndes Gestrüpp, wie sollte ich mit dir weggehen zusammen, wenn nicht mit diesem Mund, *wollustmurmelnd* wandere ich durch dein zitterndes Bild, *kindisch spielend mit seiner Frohheit*[3], daß ich es entzündete, die schlichte Gegenwart, die nichts verstellt, nur das Fangen, Fassen, nur das Duften, das Schmecken.

29.07.2020

MISAKO (D-Dur)

Daß sich manchmal wunderliche Geschichten zutragen: Daß ich mich zu erinnern glaubte, besser sogar sicher wäre, in dieses Konzert gegangen zu sein, das unter dem Titel MORIMUR die Violinpartita mit der Chaconne mit mehreren Chorälen verband, eine Interpretation von wundersamer Intonation und bestechender Klarheit, und daß ich in der Pause im Foyer umherginge, ganz unter dem Eindruck, so *über den wunderlichen Krieg, den Tod und Leben rungen*, des Osterchorals, so daß ich in eine andere Person rannte, eine Frau, Anfang fünfzig, eine Asiatin, deren tiefdunkle Augen mich sofort gefangen nähmen, mich mit jedem Blicke verschlingend, verlierend, eintauchend, nicht losreißen könnend ich von ihnen, auch von ihrem schulterfreien Abendkleid mit drei schmalen Trägern, kobaltblau von seidigem Glanz. Daß ich mich nicht entschuldigen müsse, mein wahrscheinlich stotterndes *Pardon* oder was mir gerade in den Sinn käme, vorwegnehmend, vielleicht hätten wir Ähnliches gedacht, sie, daß den Tod niemand zwingen könne, es gebe ein buddhistisches Wort, daß e*rst wenn der Tod in dir ganz und gar getötet ist, erblickst du dich als Lebenden*[1], aber über den Titel des Konzertes grübele sie, wie sie den Gedanken, daß wir in Christus stürben, zusammenbringe könne mit der Idee, daß man sowohl lebe wie sterbe vor der Trennung von Leben und Tod, das sei für sie der Trost, wenn man nicht den Tod als das Andere des Lebens anstarre. Aber eigentlich müsse sie sich entschuldigen, daß sie mich einfach so überfalle mit buddhistischen Weisheiten, daß sie wie alle Frauen zu viel rede, und überhaupt, daß sie meine Hand festhielte, das widerspreche der asiatischen Zurücknahme, bevor sie sich vorgestellt habe, Kimura Misako. Und daß ich mich über mich verwundern würde, eines meiner Haikus zu zitieren: *Alles ruht und schweigt: Verlierst du nicht deinen Platz, Lebst du sterbend lang.* Solch Wundersames, ist's aus Ihrer Feder? Und daß ich mich noch mehr über mich selbst erstaunte, wenn ich ihr entgegnete mit *Konnichiwa, desu* und meinem Namen, daß es mein erster japanischer Satz sei, den ich ausspräche, in der Hoffnung, die Intonation sei nicht zu sehr germanisch, als ein Mann, noch etwas älter als ich, zu uns heranträte, ihr Vater, daß ich eine leichte Verbeugung versuchte, ein eher gestottertes *Konnichiwa, Kimura-san,* oder müsse ich *sama* sagen? Es freue ihn, daß ich so höfliche Floskeln beherrsche, aber da ich mit seiner Tochter ein so vertrautes Gespräch führe, in das er sich nicht habe einmischen wollen, müsse ich nicht so förmlich sein, und daß er mich nach dem Konzert einlüde, mit ihnen an einer kleinen Teezeremonie und kleinen Speisen teilzunehmen, weil er fühle, daß er mit mir über die Gedanken des Konzerts angenehme Konversationen führen könne.

Daß ich zittern würde, als wir uns wieder auf unsere Plätze begaben, wie der seidige Glanz mich betört hätte, das Blau allein genug, es fassen und fühlen zu wollen, und der plötzliche Gleichklang der Gedanken, daß sie einen Satz eines buddhistischen Philosophen zitiert hatte, dessen Buch ich erst kürzlich gelesen, und eine Aufgeregtheit durch die plötzliche Aufnahme zu einem Ritus mich durchflutete, der eine gewisse Intimität einschloß; daß ich doch ein Fremder sei und daß Misako mich inflammierte, daß mich ein Gefühl des Träumens überkäme, aber daß sie doch meine Hand gehalten, ihre fordernde Hand, wiewohl ich doch fast reserviert gewesen, während sprachlos ihre Augen in mich geheftet, ihr Mut, solche Annäherungen beim ersten zufälligen Treffen gewagt zu haben; daß ich in meinem Sehnen verloren ginge, erst wieder in das Geschehen des Konzerts geworfen, als sie mit Begleitung der Orgel alle Strophen eines der letzten Choräle darboten. Als wir das Haus verließen, daß es nur ein kurzer Weg zu ihrer Wohnung sei, sein Vorname sei Akira. Zwar besitze er weder ein Teehaus noch einen Gartenpfad, aber einige Teile des Rituals könnten wir beachten, indem wir uns beim Betreten des Raumes auf die Knie niederließen und den Raum voller Demut und Respekt beträten. Und ich sähe, wie Akira frisches Wasser in ein steinernes Wasserbassin füllte, so daß wir uns mit ihm Mund und Hände reinigten, dadurch symbolisch alles Üble abwaschend, so es mir füglich erschiene, daß wir das Gespräch begännen, als seien wir seit langer Zeit miteinander vertraut. Daß sie natürlich die Einspielung[2], der die heutige Aufführung folgte, kennten, allerdings noch zwei Choräle aus *Gottes Zeit ist die allerbeste Zeit* und die ihn stets bis in die tiefste Seele rührenden späten Choräle hinzugefügt; er habe den Text sich ausgedruckt: *In dir web', schweb' und lebe ich, Vergehen müßt' ich ohne dich. Da nur ein Schritt, ja nur ein Haar mir zwischen Tod und Leben war*[3]. Und wie ich nicht davon abließe, Misako zu betrachten, als sie ausführte, daß das Sterben als Überschreiten ins Leben betrachtet werden könne, wie auch daß der Weise schon im Leben sterben, lebend den Tod vornehmen müsse, und ich ergänzen würde: Wer nicht stirbt, wenn er lebt, habe getötet sich, bevor er lebt, es sei wohl von Angelus Silesius. Der Dialog, an dem sich alle beteiligten, würde sich bis in die

Nacht fortsetzen, Schriften würden hervorgeholt werden von christlichen wie buddhistischen Mystikern, Akira und Misako frügen mich nach dem Haiku, das ich bei der Begrüßung vorgetragen, ja, ich hätte vierundzwanzig derselben verfertigt, von denen ich einige wenige vortrüge, so *Wenn Du nirgends bist / Baumlos, sanglos versunken / Bist Du all am Ziel* und S*till, wenn Gipfel tost, / Lautlos, wenn Wälder toben / Ohne Tun es tun*. Und wie Misako mich umhalste, sie müsse, ein Seitenblick zum Vater, diese Grenze überschreiten, lange habe sie einer solchen Hingabe gedarbt, jener, daß er noch nicht gehört habe, daß einer die Gedanken des Lao Zi und des anderen Meisters in Verse gefaßt, daß man das Nicht-Tun tun müsse oder, wie es der andere Meister ausdrücke: *Der Wissende redet nicht, der Redende weiß nicht*.[4] Aber weil er die Herzensverbindung zwischen mir und seiner Tochter sehe, werde er sich jetzt zurückziehen, denn wir mögen etwas tun, was ohne Rede ist, nicht mitteilbar und unaussprechlich. Und Misako und ich nähmen Schalen mit Sake, setzten uns im Lotus gegenüber und säßen und hielten uns und versänken in Entrückung und ohne Überlegung, und wir waren uns nicht bewußt unseres Tuns, in dem wir nichts taten und das nur aus uns bestand, ahnend, daß wir einen unauflöslichen Bund eingingen und eins würden.

Noch wunderlicher wäre es, wenn es einem träumte, es sei wirklich geschehen, daß man in einem öffentlichen Verkehrsmittel saß, im *Dao De Jing* des Lao Zi lesend, zum wiederholten Male schon im Kapitel drei stockend, daß alles in Ordnung komme, wenn man nichts tue, und daß man wohl aussehe, als ob man grübele; und wenn man dann angesprochen wurde von einer Gegenübersitzenden, die den in sich gekehrten Gesichtsausdruck wohl auffinge und mit einem höflichen *Entschuldigung* das Wort an einen richtete, ein Vorgang, der durchaus außergewöhnlich, selten sich zutragen mag in einer Bahn, eine Frau, Anfang fünfzig, Asiatin, daß sie erstaunt sei über diese Lektüre, nie sei ihr jemand begegnet, der in dieses Buch in der Öffentlichkeit vertieft; und daß man so artigst angesprochen, natürlich etwas verlegen, etwas stotternd entgegnete, daß es für eine Langnase, ein wundersamer, bestrickend muß ihn der Berichtende nennen, Ausdruck auf dem schmalen Gesicht der Gegenüber bei diesem Wort, schwierig sei, die Passagen über das Tun im Nicht-Tun zu vergleichen, Kapitel achtunddreißig beispielsweise mit drei, zumal wenn man der Sprache unkundig. Ach, fast lachend sie, vielleicht wisse die Langnase mehr als sie selbst, sie könne sich jetzt nur darauf besinnen, daß dem Weisen das Tun nicht Handeln sei, sondern es ihm auf das Sein ankomme, aber darüber müsse man sich länger unterhalten, wenn er möge, zumal sie glaube, ihn kürzlich in einem Konzert mit Bachscher Orgelmusik gesehen zu haben. Da habe sie nicht gewagt, ihn anzusprechen, als er ihr aufgefallen sei, wie er, wie sie den Eindruck hatte, in einen Zustand der Kontemplation gefallen sei, es gebe im Japanischen den Ausdruck ZAMMAI, der wahrscheinlich aus dem Sanskrit komme und „Versenkung, Sammlung" bedeute; und als er darauf entgegnete, daß ihm ein japanisches Ensemble, das sich ONGAKU ZAMMAI nenne, bekannt sei, von dem er einige kongeniale, ja berückende Aufnahmen besitze, vor allem instrumentale Versionen der Goldberg-Variationen und des Wohltemperierten Claviers, sie ein Ungestüm überkam, sie ihm die Hände drückend, kaum daß sie sich zurückhielt, eine

Umarmung zu wagen, daß Langnase vertrauter sei mit diesen Musikern als sie als Landsfrau, denn gerade die Aufnahme der Goldberg-Variationen sei nirgendwo käuflich zu erwerben, und daß sie beide also unendlich viele Themen bereden müßten, aber an der nächsten Station müsse sie aussteigen. Und die beiden stellten sich, da sie, so mehr als ein gewisses Interesse bekundend, daß es mehr als eine flüchtige Begegnung sein möge, Augenspiele, der Jochbeinmuskel, wie sich die Muskulatur um die Augen zusammenzog, ein plötzlicher Glanz in den Augen, wie es in einem romantischen Roman geschrieben sein würde, also einander vor, austauschend Namen und Adressen. Und der durch die unverhoffte Herzlichkeit dieser Frau so Angesprochene – lange hatte sich ihm eine solche spontane Reaktion nicht zugetragen – wäre zunächst etwas verlegen, zumal ihre Hände in einem heißen Blitz die seinen streiften, und glaubte sich in eine Unwirklichkeit versetzt, als er auf dem Papier las, daß ihr Name der gleiche war, mit der er vordem in seiner Erinnerung diese unglaubliche Verbindung des Versinkens eingegangen, Misako Kimura.

25.09.2021

ANGELIKA

Daß ich vergessen, wie ich in diesen halbdunklen Gang geraten, als ich nach den Toiletten gesucht, eine niedrige Decke, eine Biegung, daß ich mich im Untergeschoß des Konzerthauses verlaufen haben mußte, als drei nackte Frauen herbeiliefen, zwei mit Handtüchern um die Schultern, naßglänzend, als seien sie gerannt, aus der Dusche gekommen, von denen eine, militärisch kurze, hellblonde, fast weiße Haare, nicht der Ansatz eines Busens, daß, ich gestehe es, mein Auge auf ihre unbehaarte Scham fiel, ob es wirklich ein *Mädchen* sei, die mir sofort um den Hals fiel, wie herrlich, daß auch ich ihr Konzert besuchen wolle, wir hätten uns ja lange nicht gesehen, zu ihren Gefährtinnen, sie könnten ruhig schon vorangehen, während es in mir dachte, wer diese Impulsive denn sei, mich ihrer aber nicht besinnen konnte. Ja, sie habe sich schon gewaltig in den letzten Jahren verändert, die Haare ab, während ich fast so wie früher, und ich sei ihr oft als Besucher der Konzertreihe mit Bachs Kantaten aufgefallen, wie sollte ich ihr Aufmerksamkeit geschenkt haben, da sie auch nicht regelmäßig mitspiele, sei sie doch eine unscheinbare Frau mittleren Alters, aber meine Ausstrahlung verbreite etwas Künstlerisches, sie immer noch ihre Arme auf meine Schultern legend, beinahe noch näher rückend, wie die Nässe ihres nackten Körpers mich kitzelte, ich möge den Überfall entschuldigen, normalerweise gehe sie nicht so spontan und herzlich auf andere zu, Intimität gehöre für sie ausschließlich der Musik, so jugendlich sei sie ja auch nicht mehr, und ich dürfe dies nicht mißverstehen, aber es sei, wie ich ja wisse, ein besonderes Konzert, nur Adaptionen und Transferierungen von Bachschen Werken, wobei ihr erstmals solistische Aufgaben zukämen, deshalb aufgeregt, erregt sie, und umso mehr freue sie sich, daß ich ihr sicher mental, auratisch zusprechen werde, und ein nasser Kuß, keine Freundschaftszärtlichkeit, sie ungestüm und beinahe hitzig sich an mich drückend, mir fast einbildend, daß ihre Hüften in leicht kreisender Bewegung, ihre Nässe mich durcheinanderwirbelnd. Mein Gott, ein Toben in mir, diese frenetischen, gierigen Augen! Strahlende Bläue! Mein Gott, da habe sie jetzt einen Wasserfleck an meine Hose fabriziert! Wir uns freilassend, und unvermittelt: »Ich würde mich sehr freuen, wenn Sie mich nach dem Konzert, um noch ein wenig zu plaudern, auf meinem Hotelzimmer besuchen würden. Zweihundertzwei, zufällig diese musikalische Zahl. Ach ja, Angelika.« Jetzt müsse sie sich doch umziehen und noch etwas meditieren. Zweihundertzwei, ich stammelnd, und sie entfernte sich, mir noch einen Handkuß zuwerfend.

In der Tat versprach es ein ungewöhnliches Konzert[1] zu werden, betitelt BALLI E LAMENTI, zwei Gruppen von Clavierwerken Bachs in Transkriptionen für Ensemble, Auszüge aus den Goldberg-Variationen und dem Wohltemperierten Clavier, sowie zwei Adaptionen von Brandenburgischen Konzerten, die ich von einer Einspielung eines kanadischen Ensembles kannte, welches ihnen die Nummern neun und zehn gab. Zu den Streichern und dem Continuo traten je zwei Block- und Traversflöten. Ich dachte schon, Angelika nicht unter den Musizierenden zu finden, als Primaria müßte sie vorne, ganz zur Linken sitzen, bis da ein kurzes Winken; sie trug eine lange Perücke, kupferrot, fast das Orange streifend, an den Spitzen eingedrehte Locken, völlig exzentrisch fingerlose, weiße Handschuhe, die fast bis zum Ellbogen sich streckten, nicht nur ein gewöhnliches schwarzes Kleid wie bei Konzerten üblich, von der Seite schien es mir von schimmerndem schwarzem Satin mit vielen Rüschen, bodenlang aufgeweitet durch einen eingearbeiteten Reifrock, fast eine *Robe Française Volante*, die mir längst vergangene Zeiten wieder auferstehen ließ. »Nicht wahr«, so mein Nachbar flüsternd, »die Geigerin ist nicht von dieser Welt«, und war sie es wirklich? Ihr Bild setzend absurdeste Phantasien in Gang, ein Bild, auf dem das Model ein Kleid mit tief eingelegten Falten vorn und hinten trug, daß es Seidenbrokate oder Damaste sein mußten, großgemustert, überall prachtvoll mit Stickereien und Schleifen verziert, das immer wieder meine Wachträume durchgeistert hatte, so abirrend ich, weil mir Angelika als Wiedergängerin jenes Models erschien, daß die Variation 1, in der Flöte und Violine unisono das kräftige, stolze Thema hervorheben, und 7, die wunderbare Gavotte mit den extrem scharf akzentuierten Punktierungen des Tanzes und seiner hüpfenden Freude, in der Verdoppelung von Violine und Flöte, Angelika den Körper wie eine entgeisterte Tänzerin in den Rhythmus hineinwerfend, durch meine Hinwendung auf *sie* vorbeisausten. Ob am Hofe Ludwigs XIV. der Tänzer so mit dem Rhythmus verschmolzen wäre, seine Dame geführt und geküßt haben möge? Erst konzentriert bei dem ersten Lamento der dreizehnten, die Angelika und der Traverso, in den die Baßstimme gelegt, fast allein gehörte, gleich anschließend 15, schweigend das Continuo, die Violine, die beiden Blockflöten und die in hohe Lagen geführte Gambe in durchsichtigen Linien, und schon wieder hinweg meine Gedanken, Aberrationen beinahe, ob ihre Perücke der Traum, in ein übersteigertes Frausein oder die Rolle einer barocken Adligen hineinzuschlüpfen, banale Psychologismen, warum wollte sie so herausstechen gegen die anderen Frauen, die in schlichten Hosen und Blusen, diese Handschuhe, als ob sie eine Hochzeit feiern wolle, gut, eine Hochzeit mit Johann Sebastian, ja, da fiel es mir ein, ihre Zimmernummer, zweihundertzwei ist doch die Hochzeitskantate, daß mir wieder zwei Variationen entgingen, hörbares staunendes Atmen im Publikum, 19, glaube ich, einzelne kecke Klatscher, ein Kampf zwischen einem Cembalisten, der drei Hände haben mußte, und Viola und Gambe, und das Lamento der einundzwanzigsten zwischen Viola und Orgelpositiv, unendliche Zeitdehnung, sie die Handschuhe vor dem Gesicht, als ob sie weine, nein, es war Konzentration für die abgrundtiefe Sarabande, die ihr allein gehörte, bis auf einzelne Tupfer im Pizzicato in Gambe und Violone, mehr als zehn Minuten gefühlt, fast ohne Pause der extreme Gegensatz eine weitere Sarabande, gegen alle Regeln explodierend für sie und Positiv in polyrhythmischem Rasen, und wieder ohne Pause die *Aria* mit allen Melodieinstrumenten ohne Continuo. Tosender Beifall. Sie eher mit einem Kopfnicken als einer Verbeugung, todernst, zusammengekniffene Lippen; dass dies eine andere Frau sein mußte, als ich in diesem surrealen Keller kennengelernt; ihre Mädchenbrust hätte dieses geschnürte Oberteil, obwohl es eines der schlichteren, nie gehalten. Auch beim Brandenburgischen, es war ja die Variation des originalen dritten, wagten sie Ungeheures: Nur drei Streicher und zwei Baßflöten als Grundierung statt wie üblich ein Cembalo oder eine Orgel: Daß sie alle Rekorde des Tempos brachen, nicht erwähnenswert, und ohne Pause, sie wollten wohl keinen Applaus, die Fortsetzung mit Präludien aus dem *Wohltemperierten*. Nahezu alle Musiker bekamen die Gelegenheit, ihre Virtuosität zu zeigen: die Gambe im c-moll, ein toccatenhaft freies Tempo, quasi improvisierend, nach einer Minute ein Adagio, eine Art Rezitativ, bevor es in einem fast sich überschlagenden Tempo endete; *sie* in einer neuen Variation des spielerischen Themas, dazu in chromatischen Bewegungen die anderen Streicher, sich als Akkordsatz um einen Orgelpunkt herum verstärkend, bis sich das bislang aufstrebende Thema in der Umkehrung verliert; alle Flöten in durchgängigen Akkorden im es-moll Präludium als Sarabande vor freien Figurationen des Basses; nur die Instrumente des Generalbasses im f-moll; dann der Wechsel nach G-Dur, wo sich Gambe und Violone das Thema zuspielen; schließlich die Reihenfolge von Moll und Dur vertauscht bei B: Zunächst frei einsetzende Dissonanzen der Streicher, dann als ostinater Rhythmus die Hauptstimme in der Flöte; zum Abschluß wieder *sie*, die dazu aufstand, ihr gesamter Körper in fast verzückter Bewegung, virtuoseste, in Spielfiguren aufgelöste Akkordfolgen, dann, plötzlich gebremst, erklingend vollgriffige Akkorde wie in den Solo-Partiten. Strahlendes Glück auf ihrem Gesicht, und ich wurde zum ersten Mal, als sie den Saum des Rockes aufwirbelte, ihres Schuhwerks ansichtig, goldfarben mit spitzen Absätzen, mit zwei Schnallen zu verschließen, am Mittelriemen drei ovale Schmucksteine, High Heels bei einem Konzert, was für eine Exzentrik!, mehr als extravagant, ja überspannt, ob ich so ein Wesen aushielte? Und zum Abschluß Brandenburg Nummer zehn, wirklich der wohlkomponierte Höhepunkt, weil alle sich vereinigten: Zu Tränen rührend schon der übernommene Eingangschoral nach *Herr, meine Augen sehen nach dem Glauben*, in dem alle Flöten und alle Streicher sich die Themen zuspielen, kontrapunktisch die Linien des Fagotts, so berückend, daß meine Augen sich zu *ihr* bekehren wollten, wie der Text sagt; im langsamen Satz das erste Thema in den Blockflöten, das zweite von den tiefen Streichern, und geradezu überstürzend das Presto aus dem letzten Satz der lateinischen Messe in g-moll, kaum konnte ich verfolgen, wie die Themen in viertaktigen Abschnitten durch die Instrumentalgruppen geworfen werden, Violine, Bässe, Flöten, Fagott, dann die Flöten zusammen mit den hohen Streichern, immer wieder mit dem einleitenden Ruf der aufsteigenden Quarte, wieder ein virtuoses Solo des Fagotts, das *sie* noch lebhafter fortsetzt, mit den anderen Streichern war sie aufgestanden, gruppierend sich im Kreise, einander sich anspielend, beinahe tretend die zweite Violinistin auf die Schleppe der *robe*, die in Wasserfall-Falten auf den Boden floß, mit Gold– oder Silberfäden durchwirkte Seide, jetzt war ich auf ihre nackten Schultern geworfen, wie einer der dünnen Träger, ob dies den Gepflogenheiten der Kleidung des Barock entsprach?, ein Stück hinabfiel, sie dessen nicht bekümmernd, und in drei Minuten war alles vorbei, einige Sekunden der Stille, und, eine Phrase, Untertreibung, stehende und rasende Ovationen, alle Mitwirkenden stellten sich, an den Händen haltend, nebeneinander, die Frauen mit einem gebührlichen Knicks, die Männer mit einer tiefen Verbeugung, *sie* den Kopf tiefer als die anderen neigend und natürlich das Kleid mit drei Fingern haltend, leuchtend das Gold der Schuhe, die Fersen, wie die Regeln es geboten, sich berührend. Konnte es da eine Zugabe geben? Ja, sie erweiterten die Improvisation des zweiten Satzes von Nummer neun dergestalt, daß *sie*, eine Flöte und die Gambe dieses akkordbrechende Zwischenspiel nacheinander figurierten.

Daß ich, nachdem ich mich, etwas unhöflich von den anderen verabschiedend, in mein Hotelzimmer flüchtend, bei mir sinnierte, ob ich nicht etwas zu wagemutig bei dieser unterirdischen Begegnung gewesen, aufdringlich, was meiner scheuen Art widerspricht, meine anderen Musikerinnen zwar nicht mißbilligend mein Verhalten, so doch, daß sie mich so nie gesehen hätten und damit ich vielleicht aus meiner Abgeschiedenheit herauskomme, Erfolg, was auch immer dies bedeuten möge, wünschend, und ich mich, so wie ich war, auf das Bett warf, nicht ohne Schwierigkeit des doch ausladenden Reifrocks wegen, erhitzt, selten war ich bei den Soli so aus mir heraus-

Zögerlich doch ich, ruhelos um das Hotel streifend, schon wann es eine angemessene Zeit, zu ihr mich zu begeben, ob sie zu erschöpft sein möge nach dieser alles fordernden Arbeit, auch Zweifel, ob ich einer solchen Ungestümen gewachsen, ob aus ihren doch etwas regellosen Äußerungen tiefer sitzende Avancen sprächen, ich mich einlassen auf einen Pop-Star!, ihre Exaltiertheit, nackt mir um den Hals zu fallen, als sei sie ausgehungert, dürstend nach körperlichen Berührungen, das Wort *brünstiglich* eines verrückten Dichters mir in den Sinn kommend, aber es ist nicht die Angst, mich in diese ungehemmte weibliche Substanz zu verlie-

gegangen, so daß ich die Schnürungen etwas lösen mußte, mein Busen so naturecht, daß er glühte, daß ich vielleicht meine Begier nach Weiblichkeit etwas übertrieben haben mochte, andrerseits wiederum sie paßgenau das Oberteil füllte, aber ich gewiß nicht zu der Art Frauen gehöre, die sich durch Operationen Implantate einsetzen lassen, um ihre vorgebliche sexuelle Ausstrahlung zu erhöhen, verhurte Wesen, in allen ihren Tendenzen passiv und unterworfen, während ich Herrscherin sein will, die dionysische Frau, daß *ich die Sexualität selbst sein will, die, ins Innere meines Fleisches hinreichend*, sich nach außen wendet[2], t*ota mulier sexus,* aber nicht als Verkörperung der Sünde, sondern als neue Inkarnation des Begehrens eines neuen fraulichen Geschlechts, das gebärt sich in meinem Schoß, indem ich diese *robe* tragen muß, da man, ich schon ren, eher ob *sie* die Spannung aushielte zwischen ihrem hohen Stolz und dem, was offenkundig sie am Frausein hinderte. Aber was zweifle ich schon im Vorfeld, nur weil ich schon mehrmals begegnet Frauen, die von Bizarrerie überkommen, in deren Verhedderungen mir nur Desaster entsprangen, daß ich lieber ihrer Courage würdigen sollte, das Risiko der Zurückweisung eingegangen zu sein, nicht zu vergessen, daß ihre Töne immer wieder in meinem Inneren wiederklingen, so daß ich eine solch kongeniale Musikerin in meinen Armen halten will, muß, um mit ihr Musik zu werden. Und wieder anders herum mein Sinnieren, warum sie für das Spiel diese langhaarige Perücke aufgesetzt, auch noch in Kupferrot, der Farbe meines einsamen Sehnens, als sei sie, wem auch immer, nicht weiblich genug, mir

171

eine Art *Star*, eine gewisse Exzentrik von mir erwartet; freilich andrerseits, ob ich ihm, von dem ich sehne, daß er mit mir bleibe, auch in meiner ursprünglichen Gestalt gefiele, unsicher, ob ich diese, soll ich sagen Dinge, Erweiterungen, Verschönerungen, ablegen solle oder, erregende Erotik, warten, daß er mir erst die Träger löste, dann, hinter mir stehend, die Ösen auf dem Rücken aufzöge, auf halbem Wege innehielte, aber nicht die Frage gelöst, wie ihm, wenn er überhaupt käme, entgegentreten, gewöhnliche Alltagskleidung, Jeans, Pullover, ein Stück Normalität?, was auch immer das sei, aber ich liebe diese Zusätze, ich fühle sie, als ob sie mit mir lebten, daß sie etwas Neues in mir erweckten, meine wirkliche Natur erschüfen, weil sie mir etwas geben, das mich aus meinem unentschiedenen Irren der Unvollständigkeit, in der ich seit je nicht genug, der bei der Begegnung in diesem Keller voller Affekt und, ja ich bekenne es, Erregung hingerissen war von ihrer knabenhaften Grazilität, auch das ein déjà-vu, Erlebnisse mit jenseits der Grenzen stehenden Frauen schon einmal als Enttäuschung erlebt zu haben. So, zurückkehrend zum Beginn, meine Zögerlichkeit, wie ihr, nachdem ich doch in ihr Hotelzimmer getreten, diese meine Wirrnis erklären, ob ich wagte ihr zu bekennen, daß ich entzückt, ja verstrickt in diese *robe*, die so gar nicht mit ihrer Androgynität harmonisierte, ahnend, daß sie sich gewissen Manipulationen unterworfen haben mußte, um zum *absoluten Weibe* sich zu wandeln, oder ob ich erwartete, daß sie mir in ihrer originären Gestalt gegenüber träte, oder ob ich vollends abglitte in meinen Geständnissen, daß ich mir vor-

gefangen, herausführte, oder der verrückte Gedanke, ihn nackt zu empfangen, wie aus der Dusche kommend, die Wiederholung des Beginns unserer Begegnung, aber er wirkte doch etwas gehemmt und ratlos, ich werde verrückt, wenn ich mir nur selbst Lust verschaffen könnte, der Reifrock unüberwindlich, daß ich aber doch seine Königin sein möchte, denn was nützt es mir, wenn ich mit Mitte Vierzig eine *Queen of Violin* bin, wenn ich als Angelika darbe an Leib und Seele? stellte, ich sähe sie als eine Königin des Barock, und ob es doch gar nicht so abgeschmackt wäre, wenn wir als ein Königspaar weitergingen, eine Komödie des Kitsches, wenn ich nur die angemessene Kleidung der Nobilität besäße, eine kobaltblaue Culotte mit purpurroten Strümpfen imaginierend, ein Rüschenhemd, Gehrock, Gestammle meinerseits, während mir weiter ihre Soli, insbesondere das des Präludiums in B-Dur, durch den Kopf schwirrten.

Daß es schon spät geworden, als ich den Mut fand, an die Tür von Zimmer zweihundertzwei zu klopfen. Eingetreten, stand unverändert vor mir eine Gestalt wie aus einer anderen Welt: weit sich bauschend das Kleid, lagen die Hände still in ihrem Schoß; korrekt schlossen die weißen Handschuhe am Ellbogen ab; formvollendet knickte sie beide Knie leicht ein, wobei sie das Kleid am Saum des Ringes leicht hob; ich wußte, daß meine Geste der Erweisung des Respektes der Diener sein mußte; beinahe schaudernd ich, wie sie die Etikette beherrschte; daß diese ergreifenden Gesten unserem Leben verloren, so mein Gedanke, weil alle großen Unterschiede, an erster Stelle die zwischen Mann und Frau, das Fundament des Menschlichen, ersetzt durch das Einheitsgeschlecht, verschwunden; statuenstarr ergriffen ihre Augen die meinen; die orangenen Locken sich ringelnd, sorgfältig zueinander in Harmonie drapiert über das geschnürte schwarze Mieder, ihre Anspannung, als sie ganz tief einatmete, die Brust sich hob, daß ich wußte, wie sie an ihr diese Metamorphose vollzogen, und mir der Satz eines Dichters, dem solche Gesten noch vertraut, in den Sinn kam: *Reiche Spitzen verbargen nur notdürftig den schwellenden Busen*[3]. Welch wundersame Formulierung, die *Spitzen* in ihrer Doppeldeutigkeit, das wohlgewählte *notdürftig*, als drängten sie danach, aus ihrer Gefangenschaft sich zu befreien! Kein Wort bislang von uns beiden, als ich das Hotelzimmer überblickte: Zwei Kerzen auf dem Tisch, zwei Gläser und eine Flasche Wein, und noch unwirklicher, beinahe surreal, als in den körperhohen Spiegeln des geöffneten Kleiderschranks verdoppelt ihre Gestalt in der erstarrten Ehrfurcht, eine im Profil, ein Bild, das ihre wundersame neue Weiblichkeit noch stärker heraustreten ließ, die zweite, die mir nur den still ruhenden Arm zeigte. Ob sie den Herrn zu Tische bitten dürfe, nicht einfach sei es gewesen, in der Kürze Kerzen zu besorgen, aber Er (sie wechselte tatsächlich zur dritten Person) möge es nachvollziehen und ihr nachsehen, daß das Konzert auch körperliche Arbeit gewesen sei. Doch bevor wir uns niederließen, gestatte Er ihr einen keuschen Kuß. Wohin mit meinen Händen, gewiß nicht auf die nackten Schultern, sie mir die Entscheidung abnehmend, als sie beide Handflächen zu den meinen führte, ein Hauch von Aprikose auf den nur dezent geschmückten Lippen, doch bitte keine Flucht jetzt, lange habe sie dieser Zärtlichkeit gedarbt, Er möge doch den Mut haben, sich ein klein wenig mehr zu öffnen, die Rückstände des Zigarettenrauchs seien hoffentlich nicht zu abschreckend?, und natürlich verwehre dieser Unterrock nähere Intimitäten, sie dann doch mich umschlingend und einen zweiten Kuß, der um so glühender war, in mich brennend. Dies sei genug fürs Erste. Präferiere Er, ob wir uns zum Essen ins Restaurant begäben, oder sollten wir uns ein Mahl aufs Zimmer bringen lassen? Aber wir müßten dies nicht sofort entscheiden, labten wir uns zunächst mit diesem vorzüglichen Barolo. Uns gegenüber setzend, sie eingießend, anstoßend. Sie bemerke Seine Unsicherheit, nein, es solle keine Überrumpelung sein, Er ahne wohl, worauf sie hinauswolle, daß da ja diese Begegnung im Keller, bei der sie als gänzlich unterschiedliche Frau erschienen und jetzt, sie zupfend an ihrem Dekolleté, müsse man da nicht von einem schwellenden Busen sprechen, nein, nicht den Koran habe sie im Sinn, sondern sie wolle von sich sagen: »*Ich bin eine Mauer, meine Brüste gleichen Türmen*[4]«. Ja ich wisse, das Hohelied Salomos; daß Er so kundig sei, entzücke sie, und natürlich habe sie da etwas appliziert, auch wenn Er sie für verrückt erkläre, sie sei wahrscheinlich komplett aus dieser Welt, zu natürlich, wenn man nur für die Ewige Musik lebe, und wie solle sie dieses Kleid, in das sie vernarrt sei, tragen ohne diese Zusätze, es schlotterte nur am Oberkörper, ob Er verstehe, des Mädchens, wie Er es im Keller gesehen habe. Ich wisse, da sei im gleichen Kapitel noch eine andere Stelle, von der kleinen Schwester, die wahrscheinlich Ihr anderes Ich sei, ich komme jetzt nicht auf den Wortlaut. Sie: »*Wir haben eine kleine Schwester, noch ohne Brüste.*

Was tun wir mit unserer Schwester, wenn jemand um sie wirbt?« Sie sei gleichzeitig sie, wie Er sie jetzt sehe, und diese kleine Schwester, und diese wolle sie schmücken, auf ihr bauen, sie segnen, damit auf ihr etwas entwickelt werden könne, damit sie zum Garten aufblühe. Dürfe ich Ihnen confessieren, daß ich in jeder Gestalt, in der Sie mir gegenüber träten, um Sie würbe? Sie sei sicher, Er wisse, was ihre Zimmernummer bedeute: Daß die betrübten Schatten wichen, daß unsere Welt eine neue werde, und ihr Hungern, daß in hellen Wohlfahrtstagen unsere Liebe Blumen trüge. Schweigend leerte sie ein halbes Glas des Weins, erhob sich, nahm ihre Violine und begann mit der Aria, immer wieder einfügend freie improvisatorische Muster sehnsuchtsvoller Melismen, oft schweifend nach Moll. Stille nach einer unzählbaren, unergründlichen Zeit. Es sei Zeit für eine Zigarette auf dem Balkon und die Entscheidung, wo zu essen.

Wenn sie die Träger etwas lockere und die Schnürung etwas fester ziehe, drängten diese wunderbaren Erfindungen noch weiter aus dem Korsett, was sie an einen Film über Maria Theresia erinnere, in dem die Schauspielerinnen offensichtlich nach Kriterien ausgesucht worden seien, wie sehr ihre Weiblichkeiten aus der Büste geschwollen seien.

Wozu in dieser zauberhaften Situation an Essen denken, wo Ungeheures in der Luft knistere; wir spürten, daß wir jetzt über alle Begrenzungen hinübersteigen würden, daß es ihr heute gelingen werde, ihre beiden Bestandteile zu einem zu fügen, daß das Andere verschmölze zu der einzigen Frau Angelika, Einfalt statt spaltende Diversität. Heu-

Wie sich ihre Locken um sie ringelten und einrahmten! Er könne ruhig mit ihnen spielen und sie liebkosen, oder reize es Ihn nicht, sie noch tiefer einzudrehen oder die Strähnen vor ihr Gesicht zu werfen? Wollen wir in diesem Aufzug ins Restaurant gehen? Dort natürlich etwas verwunderte Blicke von den wenigen Gästen und den Bediensteten, keine Feindseligkeit aber. Wir sollten jetzt einen Französischen wählen, den Medoc Saint Bonnet, den die Karte anbot, kenne ich. Keine Angst, im Gegensatz zu vielen Frauen vertrage sie einiges, trinke zu viel, aber heute sei ein anderer Tag. Das Essen, durchaus delikat, Ente in einer Soße aus Orange und Cognac, wir vergaßen es fast. Nein, sie zweifle nicht an der Zweiheit der Geschlechter, auch wenn wir uns jetzt in einem Zwischenbereich bewegte habe sie auch während des Konzerts schon viele Grenzen überschritten, im Augenblick des Spielens sei es ihr überkommen, aufzustehen und zu tanzen zu beginnen, nie hätte sie das vollbringen können gewandet in einer normalen schwarzen Hose, vollständig sei sie durch dieses Heraustreten zu der anderen Angelika geworden. Sie dann die Perücke abnehmend und flüsternd, daß wenn wir schon so verrückt seien, wolle sie sie dem Geliebten übertragen und streifte sie mir über, und ich erblickte trotz der fast soldatischen Frisur die feinen Gesichtszüge einer Frau. Habe Er den Mut, den nächsten Schritt zu vollziehen?, denn dieses Gewand halte uns davon ab, daß wir unsere Körper fühlen könnten. Hinter sie tretend und mit äußerster Bedachtsamkeit Öse für Öse öffnend, innehaltend,

ten, wundervoll sei das Werk desjenigen, der uns als Mann und Frau erschuf, um uns die erhabene Vereinigung zu schenken, und es sei keine Bizarrerie, daß sie ihre beiden Wesen als Zwillinge fühle, die sich gegenseitig erkennten und ergänzten, als nacheinander schreiende Hälften, die jetzt eins werden könnten, und wäre es nicht möglich, daß man in sich selbst einen anderen fände, der trotzdem immer man selbst sei? Als ich ihr bekannte, daß mir auch solche Anhänge zu eigen, die ich mit Lust benutze, Entzückung, Glut auf ihrem Gesicht, das sei geradezu ein Mysterium, daß Er ihr ergänzender Widerpart sei, daß also auch wir als Zwillinge gewissermaßen aufeinander gestoßen und uns beide auf diese Weise vervollständigten, und es sei eine Menschenwidrigkeit, wie der Dichter sagt, wenn wir uns dann mit den dünnen Trägern spielend, die Schieber verstellend, zögernd, ihr Atem hektischer werdend, und dann mich vor sie stellend; wir zusammen an den Schleifen der Schnürung nestelnd, so daß das Oberteil bis zur Hüfte herabfiel, während sie beide Hände übereinander über ihr Geschlecht legte. »Dies ist mein letztes Geheimnis.« Vor mir wirklich ein Wesen einer anderen Existenz, die weißen Handschuhe mit den Stickereien, die engelsweißen Seidenstrümpfe, die an einem breiten Halter befestigt, die hochhackigen goldfarbenen Schuhe mit zwei Schnallen. Ich legte meine Hände auf ihren Busen, ohne sie zu bewegen, Hitze strömend aus ihrer Haut. Sie wohl meine Verwunderung auffangend, daß es keine Billigware sei, nur so könne sie sie als wirkliche Fortsetzung

trennten, weil wir dann alles schmerzlich entbehrten[5]. *Meinem Geliebten gehöre ich, und mir gehört der Geliebte*[6], wie könne man unser Zusammentreffen rührender beschreiben?. Und gerade deshalb bleibe sie eine Frau und wolle von mir als Mann geliebt werden ungeachtet dieser Äußerlichkeiten, so daß die Scheidungen sich aufhöben wie auch im Höheren sich bewahrten. Und so ein Geständnis wie vorhin habe sie noch nie gehört. Und als wir ins Zimmer zurückgekehrt, ihr Zögern, die Träger über ihre Arme gleiten zu lassen, innehalten, sobald der Ansatz ihrer Brüste, dann die Schnürbrust, mit meiner Hilfe mühsames Lösen von Häkchen am Rücken, Zittern und Zaudern, man öffne sich nicht ohne weiteres einem Fremden, aber das müßten wir jetzt im Einklang vollziehen.

ihres Leibes erspüren. Die Zeit sich streckend, wie sie im Konzert die Sarabande in die Unaufhörlichkeit gedehnt hatte. Sie werde das, was uns noch abhielte, zueinander zu kommen, etwas schneller vollziehen, auch wenn es gegen die Regeln der Langsamkeit verstieße und riß mir fast meine Kleidung ab. An uns beiden sei es jetzt, den dritten Schritt zu vollziehen. Habe Er den Mut, ihr den, wie einer es nannte, *schwellenden Busen* abzunehmen, er habe einen normalen Vorderverschluß, und sich ihn selber anzulegen? Vorher noch einen tiefsten Kuß, denn diese Metamorphose sei doch eine Art Abschied, mit dem wir beide aus uns selbst hinausträten, das Finden des Sich, um zum anderen zu werden, hinüber in das andere Ich, von der eigenen Seite auf die des anderen, weil der andere

Ich beginnend mit meinem Unterleib, dabei bannend sich unsere Augen, nicht einmal ein Lugen den Körpern des Gegenüber, als Angelika bis zur Hüfte nackt, sich umwendend, sie könne das jetzt noch nicht, sich einige Schritte entfernend, wiewohl nicht aus meinem Blick, und könne den Rest alleine bewerkstelligen, und dann doch mit einer Bewegung hinabfallen lassend das Unterteil, daß ich die unschuldsweißen Seidenstrümpfe sah, die Handschuhe mit den Stickereien bis zum Ellbogen, den breiten Halter, der sich in einem weißen Bund bis über die Taille fortsetzte, und ich fiel zu den Spitzen der Goldschuhe, als wollte ich sie küssen, keine Unterwäsche, das entspreche dem Stil der Zeit, und ihre nackte Scham: »Sehe Er mein unverstelltes Geschlecht, heute nur kurz«, ein Nachtgewand überstreifend, nicht nur eine Ergänzung sei, sondern eine Verdoppelung. Ich ihre Frau mir übertragend, denn ich wollte mich aus ihr in uns beide hinüberziehen, da ich die *Begegnung des Herzens spüre in der Doppelgeschlechtlichkeit unserer Seelen,*[7] und so verbänden wir uns enger ineinander, als es irgend eine körperliche Berührung vermöchte. Mein Gott, jetzt habe Er sich so verwandelt, als ob sie sich selbst sähe, daß da eine traumhafte Wiederholung und Veränderung ihrer selbst sei! *Das Haar auf deinem Haupt ist wie Purpur; ich möchte ein König sein, liegend in deinen Locken gefangen*[8], und sie wirbelte das Haar vor mein Gesicht, strich es glatt, streichelte es, sie wisse, Bezüge und Bilder gerieten ihr durcheinander, aber sie sehe jetzt alle Gestalten, ihre beiden und Ihn und sie sich vermischen, aber nichtsdestoweniger dann wieder zu mir kommend, als meine Kleidung geflohen war, daß sich unsere Augen festhalten konnten, und da standen wir und nichts weiter, nur bewegungslos unsere Stirnen sich suchend, innehaltend erneut, kurz bevor sie sich fanden, harrten zwei Zitternde voreinander. Noch ein ganz großes Glas Wein, so daß wir geruhsam ins Bett sinken könnten. »Bonne nuit, mon chèr.«

stünden sich Mann und Frau gegenüber, und meine Gipfel küssend ihre Fläche, mein Geschlecht tupfend an ihren Nabel. Doch hinweg mit diesen *High Heels,* ein letztes großes Glas Wein, mich zum Bett führend, mein Glied in ihre nackte Spalte ziehend und uns mit dem Gürtel eines Bademantels verknotend. »Denn wir dürfen uns nicht verloren gehen. Bonam noctem, mi carissime.«

19.03.2022

Nachbemerkung des Autors

Diese 24 Texte entspringen allesamt realen **Träumen**, die sich dem Autor zutrugen; die Nächte der Entstehung (manchmal sind mehrere thematisch ähnliche zu einem zusammengefaßt wie in *Six Days in New York*) stehen unter den „Erzählungen". Die Themengruppen MORS und AMOR sind wohl selbsterklärend. Das lateinische DEVIUS bedeutet »wohin keine Straße führt« bzw. »pfadlos irrend« (Georges); vielleicht träfe es das englische LOST besser: Dieses Kapitel sammelt diejenigen Erlebnisse, in denen der Autor sich in jeder Hinsicht verloren fühlte.

Der geneigte Leser beachte, daß alle Träume nicht *berichtet* werden; auf diese Weise ergäben sie keine Literatur, sondern blieben banal, platter Realismus, sondern werden durch die Phantasie des Schreibenden neu und manchmal sur-real erzählt.

Zum Autor

Dr. phil. Norbert Zankl, geboren 1952 bei Coburg, studierte in Frankfurt/M. Germanistik, Anglistik und Latein. Seine Dissertation verfaßte er über Probleme höherwertiger Logiken in Anwendung auf den Roman *Das Kalkwerk* von Thomas Bernhard. Er unterrichtete bis zu seinem Ruhestand im Jahre 2017 an einem Gymnasium in Mittelhessen.

2018 brachte er beim Bautz–Verlag den Band OPUS 2 heraus, der überwiegend Gedichte enthält; 2020 erschien ebenda der Roman OPUS 3 *Die Inselburg*, eine Dystopie über die totalitäre Herrschaft einer anonymen Technik, sowie 2021 OPUS 4 *Dreizehn antike Veränderungen,* Texte über die Erotik und Sexualität antiker Gestalten.

Hier im Engelsdorfer-Verlag erschien 2022 der Gedichtband OPUS 6 *Denkendes, Dämonisches, Divines.*

Er lebt als ein Freischwebender und Zweifelnder in Frankfurt.

Annotationen

Im Zug
1. Nach Bettine von Arnim, *Des Königsbuches zweiter Band* S. 232 (Fischer).
2. Otto Weininger, *Über die letzten Dinge* S. 86.
3. Georg Trakl, *Abendland*.
4. Nach Weininger S. 43.

Last Night
1. Szenen aus dem Film *Rückkehr zum Planet der Affen,* Minute 55 bzw. 71. Script auf https://pota.goatley.com/scripts/pota_beneath_final.pdf
2. Otto Zierer, *Bild der Jahrhunderte, Band 17 passim.*
3. Einige der Forderungen der »Generation der Zukunft« sind entlehnt Passagen aus D. Keith Mano, *Die Brücke, passim.*
4. Gen 19.
5. Nach Dogen, *Shôbôgenzô.*

Lena
1. Ovid, *Metamorphosen* Buch IX 712.
2. Ovid Buch IX 470.
3. Musil, *Mann ohne Eigenschaften* S. 905 wie auch die folgende Phrase.
4. Musil Band 2 S. 1538.
5. Musil S. 898 und 909.
6. Ovid Buch IV 374.
7. Ovid Buch IX 758.
8. Musil 1 S. 908.
9. Musil 2 S. 1657.

Viermal töten
1. Dostojewski, *Schuld und Sühne* S. 536 (dtv).
2. Nach Radovan Karadžić, *Goodbye assassins.*
3. Henrik Ibsen, *Ein Volksfeind* Akt 4.
4. Richard Millet, *Verlorene Posten* S. 185.
5. Theodor Fontane, *Was soll ein Roman?*

6 Millet S..140.
7 E.M. Cioran, *Gevierteilt* S. 13.
8 Ibsen, *Volksfeind* Akt 4.
9 Ernst Jünger, *Über die Linie* S. 123.
10 Nach Dostojewski S. 330.
11 Arte-Dokumentation *Welt ohne Menschen* 2012.
12 Millet S. 216.
13 *Über die Linie* S. 143.

Fünf Inseln

1 Ernst Jünger, *Heliopolis* S. 48 (1950).
2 George Orwell, *Grundlagen des Neusprech*.
3 Ernst Jünger, *Eumeswil* S. 314.
4 Nach Marx / Engels, *Das Manifest des Kommunistischen Partei*.
5 Byung-Chul Han, *Philosophie des Zen-Buddhismus* S. 94.
6 Lao Zi Kap. 4.

Otto

1 Gedanken frei nach Otto Weininger, *Über die letzten Dinge* S. 86f.
2 Ernst Jünger, *Über die Linie*. Werke Band 5 S. 282.
3 Christoph Maria Wieland, *Die Abderiten*. S. 260 (Fischer).
4 Für ebenso Unkundige möchte der Erzähler die Lösung verraten: *Onkel* und *Tante* heißen *Erzeugergeschwister* bzw. *Ontan*. *Amen* muß durch *A-women* ergänzt werden.
5 Clemens Brentano, *Die Gottesmauer*.
6 Ernst Jünger, *Der Waldgang* S. 74.

Alla

1 Alle Angaben beziehen sich auf Cicero, *de officiis (Über die Pflichten)*, Buch 1, Abschnitte 100-102 und 126-128.
2 Nach Ludwig Tieck, *Des Lebens Überfluß*.

Anna
1 Friedrich Schlegel, *Lucinde* S. 65 (Insel).
2 Stefan George, *Fragoletta*.
3 Clemens Brentano, *Godwi* S. 145 (Reclam).

Misako
1 Nach Yüan-Wu in: Byung-Chul Han, *Philosophie des Zen-Buddhismus*.
2 J.S. Bach, *Morimur*, The Hilliard Ensenble, Christoph Poppen. ECM 2001.
3 Bach, *Vor deinen Thron ich tret' hiermit* BWV 668.
4 Lao Zi LVI.

Angelika
1 Konzert: Goldberg-Variationen 1, 7, 13, 15, 18, 20, 21, 25, 26, Aria; Brandenburgische Konzerte 9, 10 nach Montreal Baroque.
WTC c-moll, d-moll, es-moll, f-moll; G-Dur, b-moll, B-Dur nach Ongaku Zammai.
2 Nach Julius Evola, *Metaphysik des Sexus* S. 262.
3 E.T.A. Hoffmann, *Die Räuber* S. 258 (Aufbau).
4 Hld 8, 10 und 8, 8.
5 Nach Robert Musil, *Mann ohne Eigenschaften* Kap. 25.
6 Hld 6, 3.
7 Musil, Kap. 24 / 25.
8 Hld 7, 6.